Reihe: Neue Philosophie

Band 11: Jürgen Große – Von schwankender Gestalt

edition fatal

Für Maya

Jürgen Große

Von schwankender Gestalt

Kunst, Religion und Philosophie
nach ihrer Befreiung

edition fatal

»edition fatal« Verlagsgesellschaft bR, Potsdam
Gesellschafter: Mario R. M. Beilhack, Anil K. Jain
www.edition-fatal.de, kontakt@edition-fatal.de

Reihe: Neue Philosophie, Band 11
Herausgeber: Mario R. M. Beilhack

Jürgen Große: Von schwankender Gestalt – Kunst, Religion und Philosophie nach ihrer Befreiung

Originalausgabe, Potsdam 2024

Titelbild:
Foto (Jürgen Große)

Bibliografische Information der Deutschen Nationalbibliothek:

Die Deutsche Nationalbibliothek verzeichnet diese Publikation in der Deutschen Nationalbibliografie. Detaillierte bibliografische Daten sind im Internet über die Seite http://dnb.d-nb.de abrufbar.

ISBN 978-3-935147-54-5

Herstellung: Books on Demand GmbH

INHALTSVERZEICHNIS

Inhaltsverzeichnis

KUNST

Schön ist, was den Schöngeistern geistlos scheint.

Alles an einer zeitgenössischen Seele ist kompliziert, nur nicht ihr Geschmack.

Die Berufenen plagen sich mit ihrem Werk, die Unberufenen plagen sich mit dem Werk der Berufenen.

Schön heiße das Unbrauchbare, das sich verkaufen läßt, wahr das Brauchbare, das nicht zu kaufen ist!

Der Bürger wird leben, solange seine moralischen und seine ästhetischen Kritiker einander todfeind sind.

Kunst braucht eine Freiheit, die sie sich nicht nehmen kann.

Die menschliche Malaise: sich nur dann bei sich selbst fühlen, wenn man außer sich ist. Die Künstler des Bürgers haben daraus einen Beruf gemacht.

Der angesagte Künstler will dem Publikum gefallen, der authentische nur sich selbst.

An den Leuten, die auf den geistigen Strich gehen, verblüfft einen vor allem ihr Glaube, sie würden dadurch andern vorangehen.

Am besten gedeihen die Künste, wo sie für den Künstler Alltagsroutine und für den Nicht-Künstler Sonntagsruhe bedeuten.

Wer sich selbst Ironie bescheinigt, mag zu jeglichem Ernst fähig sein, nur nicht zum selbstironischen.

Das Signum des Geschmacklosen ist Gleichgültigkeit gegen den Geschmack, nicht schlechter Geschmack.

Selbstironisch rechtfertigt sich der Geist für seine Dummheit zu leben, ironisch rechtfertigt er sich dafür, die Dummheit der anderen zu erleben.

Der Ekel ist die ästhetisch produktivste Form der Verachtung.

Was uns nichts mehr sagt, ist in der Regel das, was einmal gesagt werden mußte.

Um zu schreiben, genügt es nicht, eine Poetik zu haben – man muß auch für jedes Buch eine neue schreiben können.

Solange die Vertreterin der Neuen Musik uns ihr Werk erklärt, findet sie offene Ohren.

Grausam gegen ihre Leser sind die allzu dunkel wie die allzu blendend schreibenden Autoren – die einen aus Nachlässigkeit, die anderen aus Bosheit.

Je größer das Konzertpublikum, desto gleichmäßiger das Beifallsrauschen.

Der Zwölftöner klagt darüber, daß die Hörgewohnheiten des Publikums noch immer nicht so weit entwickelt seien wie die Elektromobile, mit denen es zum Konzert vorfuhr.

Wenn jeder Mensch ein Künstler sein wird, dann wird nicht jeder Künstler ein guter sein.

Der mißhandelte Hörer revoltiert seltener als der verwöhnte.

Chopin beweist, was kein Haltungspianist begreift: Würde ist etwas Beiläufiges.

Letztmals gelang es der *sozialistischen Filmkunst*, die Banalität der industriellen Lebensform zu verzaubern. Heroismus der Vollbeschäftigung! Erhabenheit des Ehekrachs!

Das Schreckliche ist das Erhabene von heute und das Lächerliche von morgen.

Gewisse *Notturnos* sollte man allein dann hören, wenn man seines Glücks wie seines Unglücks überdrüssig geworden ist.

Ein Tropfen Ironie kann eine Liebe wie ein Lied vergiften.

Wer als Schüler begonnen hat, wird als Schulmeister enden.

Von Zeit zu Zeit müssen beim kommentierten Klassiker nur die Kommentare, müssen beim angesagten Schriftsteller nur die Namen ausgewechselt werden.

Was als historischer Roman beginnt, hat sein Recht auf ein Nachwort verspielt.

Der Wille zum reinen Gefühl treibt den Manierismus in schwindelerregende Höhen.

Wenn es tatsächlich einen Realismus gäbe, wüßte niemand zu sagen, was das ist. Denn wie wäre er von der Realität zu unterscheiden?

Wer das Publikum entwickeln will, muß sich wiederholen, kann also nicht sich selbst entwickeln.

Phantasiereichtum lockt das Bürgerkind zur Wissenschaft, Phantasiearmut treibt es zur Kunst.

Die Angst vor unbekannten Mächten errichtet zuerst Tempel, dann Theorien, um mit ihrer ausdrücklichen Erlaubnis zum Träumen endlich alle Träume zu entmachten.

Weil die Kunst heute nur noch Meinungen bebildert – politische, soziale, moralische, persönliche Meinungen –, glaubt der Kunsthistoriker, sie habe in der Vergangenheit auch nur Meinungen bebildert, etwa religiöse.

Beim Naturalismus hängt alles davon ab, wessen Natur er folgt.

Den Verlust von Auftraggebern beweinen oder sich als seinen eigenen Auftraggeber bejubeln müssen – es sind die Alternativen modernen Künstlerelends.

In den Tyrannenstaaten wird ein Künstler an den Hof des Herrschers verschleppt, in den Republiken schleppt er sich selbst in die Städte, in denen er eine herrschende Klasse vermutet.

An vielen Liebhabern Bachs fällt auf, daß sie ausschließlich Liebhaber Bachs sind; gleiches gilt von vielen Liebhabern Chopins. Offenkundig zwei Komponisten, die man nicht »hin und wieder« hören kann, ohne zermalmt zu werden.

Der Ekel, den das mit Violinspiel, Kreativschreiben, Ausdruckstanz und Malstunden geplagte Bürgerkind gegen die Kunst entwickelt, schützt es zuverlässig vor der Versuchung, sich für die Sache der Kunst dereinst ins Elend zu stürzen.

Über die Kunst triumphiert die Ästhetik und über die Ästhetik die Langeweile daran.

Das Tückische am Aphorismus ist, daß er mit jeder Lebensweise vereinbar scheint, vor allem mit einer, die keine Literatur nötig hat. Kein Wunder, daß es von Aphoristikern heute wimmelt.

Mitteilungen einer Gekränkten, Memoiren einer Vernachlässigten, Manifeste einer Befreiten: drei Gattungen der »écriture féminine«.

Wo es an Phantasie für das Menschenmögliche fehlt, verwirklicht man sich in Körpern oder in Ideen.

Alles in die Farbe Lila tunken heißt sich das Auge auszureißen, nur weil es einmal zuviel von der eigenen Häßlichkeit gesehen hat.

Debussys *Préludes* oder: die Penetranz der Unaufdringlichkeit.

Die Sumpfblüten der Vergangenheit verfallen entweder dem moralischen Verdikt oder der ästhetischen Schätzung. Nur das Unrecht der Zukunft vermag zugleich ästhetisch und moralisch zu faszinieren.

Ein Hoffen treibt zur Wissenschaft wie ein Scheitern zur Kunst.

Zwei Sorten von Literaten: die über Literatur reden, also nichts erlebt haben, und die über den Literaturbetrieb reden, also nichts erleben wollen.

Der uneitle Künstler ruht in den Routinen von Auftrag und Handwerk.

Nur ein mit der Liebe vertrauter Mensch wird in der Bekanntheit unversehrt bleiben: Er erwartet von ihr nichts weiter als Bewunderung.

Naturalismus ist arglos, Realismus anmaßend gegenüber seinem Thema.

Hätte Raffael einmal seinen Pinsel nach der Leinwand geworden – um wie viel freier würden wir dann von Reformation und Renaissance denken!

Im guten Alten, von dem der Romantiker schwärmt, erkennt der Klassizist das alte Gute.

Das Böse ist keine ästhetische Kategorie, sondern bloß das populärste Kunstsujet.

Daß der Christ von heute sich seines Glaubens schämt, ist leider weniger ein Effekt seines guten Geschmacks als seiner edlen Gesinnung.

Nicht im Morast versinkt der Kulturkritiker zuletzt, sondern im Sonntagsblatt.

Ein trockener Stil ist das, was man nur mehr mit Schaum vor dem Maul propagieren kann.

Kann auch eine Konvention »authentisch« sein? Selbstverständlich – wenn man der einzige ist, der ihr folgt!

Der zeitgenössische Komponist moniert, daß die Entwicklung des musikalischen Geschmacks hinter der Entwicklung des literarischen Geschmacks zurückgeblieben sei ... und findet sich zur Strafe eingesperrt in eine Bibliothek aus Bestsellern.

Schlechte Literatur: Ein Leben erklärt das Werk. Gute Literatur: Das Werk erklärt ein Leben.

Welcher Arbeiter möchte auf der Leinwand die Arbeiterklasse sehen? Die mittlere Klasse ist vielleicht die einzige, die auch Spielfilme erträgt, in denen sie die Hauptrolle spielt.

Die Künstler, die sozialen Neid oder moralische Verachtung auf sich ziehen, bleiben von den Lächerlichkeiten des Kunstkultus verschont.

Der Alltag des Berufenen ist in jedem Jahrhundert von gleicher Alltäglichkeit.

Ein übersetzbares Gedicht ist fast so belanglos wie ein Gedanke, der sich vollständig in einer Kongreßsprache ausdrücken läßt.

Gegen den Gips, der zum Ansehen des Marmors gelangte, empört sich einzig der Marmor, der als Gips zerbröckelte.

Um dem Berühmten überzeugend schmeicheln zu können, muß man sich ein wenig von seiner Berühmtheit wegdenken können.

Der Kampf gegen die Verdummung endet meist damit, daß die Halbwissenheit am Leben gehalten wird, die ohne diesen Kampf rasch totale Dummheit geworden und also ohne Redeanlaß geblieben wäre.

Den ersten Preis erhielt er für seine Gedichte, alle folgenden für den Beweis, daß er dichten könne.

Der Ekel des Menschen ist erst dann ganz rein, wenn der Unrat, über den er spotten wollte, ihm die Kehle verstopft.

Gewisse Arten von Dichtung und Philosophie verbieten sich von allein, sobald man sich darauf besinnt, daß weder Herrschaft noch Knechtschaft anmutig sein können.

Dem expressionistischen Maler, der als Fotorealist zu Ruhm gekommen ist, darf man blindlings vertrauen.

Man kann der »erste Denker seines Zeitalters« auch darum heißen, weil man einer Reihe von Dummköpfen vorsteht.

Der Sinn fürs Lächerliche läßt den Geist reifen und die Seele verdorren.

Künstlers Nachsicht würde nur eine Ästhetik verdienen, die aus Notwehr gegen die Macht eines Kunstwerks fabriziert wurde.

Erst wo sich »das Talent« nicht begnadet, sondern gestraft fühlt durch sich selbst, gewinnt es ein Recht aufs Interesse seines anderweitig gestraften Publikums.

Das Epos ist heute ein kultursoziologisches, der Roman ein sozialpsychologisches und das Gedicht ein individualpsychologisches Drama.

Je mehr Leute sich für ein Buch interessieren, desto einförmiger, je weniger Leute, desto vielfältiger die Gründe ihres Interesses.

Dieser Schnauzer mit der Drahtharfe ist von seinem Volk enttäuscht und würde gern für ein anderes singen. Ein anderes kennt er aber nicht. Also singt er ihm die Gesänge anderer Völker, die sein eigenes nicht kennt.

Hört man genauer hin, dann sind die Stimmen der freien Welt meist die Verstimmten einer unfreien Welt.

Der Puritaner kann seiner Ängste vor dem Klassiker nur durch dessen Verfilmung Herr werden.

Fast alle Romane dieser Epoche wurden von Angehörigen der Mittelklasse verfaßt, einer Klasse, in der niemand sein will, was er ist. Und da fragt man, warum »Selbstbetrug« und »Romanliteratur« zu Synonymen geworden sind?

Eine deskriptive Ästhetik wird leicht maßlos, eine normative Ästhetik ist fast stets vermessen.

Den prägnanten Stil erreicht man am ehesten dann, wenn man aus ganzer Seele eine Beleidigung aussprechen möchte und kein Ohr dafür findet.

Einen verwilderten Dialekt der Renaissance hat jemand den Barocco genannt. Tatsächlich ist die Wildheit hier in der Frömmigkeit so gut wie in der Fleischlichkeit; wilder kann man danach nicht mehr werden, auch nicht wieder harmonisch.

Der einfältige, aber eitle Künstler stellt seine seelischen Defekte öffentlich zur Schau, bis nichts mehr davon übrig ist, der pfiffige spart sie sorgsam für sein Werk auf.

Ästhetiker und Theologe wetteifern darin, dem Menschen sein vorgeburtliches Lachen auszutreiben. Der Eifer des Glaubens, der Ernst der Kunst: Anschläge auf den Mutterwitz.

Die Begabtesten des Volkes werden einmal seine Künstler oder seine Intellektuellen, heißt es; hier wirkt vielleicht eine Begabung, die Gesundheit und Lebenskraft nicht ausschließt. Wer dagegen in Begabtenkreisen geboren ist, der ist zum Defekt beinahe verpflichtet, wenn auch er Künstler oder Intellektueller werden will.

Pokale fürs Gesamtwerk, Preise zum Lebensende: der Jugend den Stolz, den Alten die Eitelkeit!

Wenn man bedeutende Künstler an etwas erkennt, dann daran, daß sie nicht nur bedeutende Werke schaffen.

Die Bewunderung, die man bei den Zeitgenossen erringt, heißt Neid, die Bewunderung bei den Nachgeborenen heißt Ruhm. Um im Andenken jener Platz zu finden, muß man tot sein, um in den Gedanken dieser Platz zu finden, muß man sich den Tod und noch einiges mehr an den Hals wünschen lassen.

Fast jede Buchkritik vollzieht heute die Ehe von akademischer Sprache und populärem Geschmack.

Irgendwo zwischen feistem Atheismus und verbitterter Gottsuche liegt das Land, in dem man aus freien Stücken die Kunst zur Religion erhebt.

Berufskünstler sind Stellvertreter der Menschenwürde. Sie leiden für die Glücklichen, die in einer Wahrheit oder einer Dummheit ihren Frieden fanden.

Zuerst: Bewunderung. Dann: Dienstbarkeit. Endlich: Verrat.

Nur wer mit dem Besten seiner selbst untergeht, darf auf einigen Ruhm oder doch wenigstens Respekt hoffen.

Der Schauspieler spielt Komödie, der Komödiant lebt das Unglück.

Ein Künstler, der geliebt sein will, ist für die Avantgarde, das Museum oder die Kritik bestimmt.

Die Großen schaffen Großes, die Kleinen Großartiges.

Erst als geistiger Provinzler wird der Provinzler fähig, seine geistige Unschuld zu artikulieren.

Der Glücklose hat keine Wahl, er kennt nur die Alternative von Fleiß und Begabung.

Wenn der Acker der Dummheit große Kartoffeln hervorbringen soll, muß man ihn mit dem Salz der Entschiedenheit düngen.

Am besten ehrt man den Künstler, wenn man ihn spüren läßt, daß man durch ihn nicht vom Ruhm eines anderen Künstlers, sondern von der Existenz seiner Kunst überhaupt erfahren hat.

Keine politische oder künstlerische »Avantgarde« ohne avantgardistische Vereinssatzungen, avantgardistische Vereinsitzungen, avantgardistische Vereinsvorstände, avantgardistische Schriftführer, avantgardistische Kassierer!

Große Kunst weckt den Wunsch nach Variation, große Lust den Wunsch nach Monotonie.

Alles wirkte erhöht in jener Epoche und nichts erhaben.

Was könnte überragender Größe würdig sein? Vielleicht nur maßvolle Überschätzung.

Die Angst des Kranken, der ein Leben in Kunst macht: daß seine Krankheit nichts abwirft.

»Gesinnungsästhetik« nennt der Gesinnungswächter irreführend dasjenige, was aufgrund einer Verantwortungsethik fast alle Gesinnungen von der Kunst ausschließen will.

Die Anmaßung des Kritikers besteht nicht mehr darin, Gott und Richter des Künstlers (seiner Moral, seiner Manieren) zu sein, sondern gleichberechtigter Mitarbeiter am Kunstwerk.

Norm und Normalität muß man studieren, Originalität nur imitieren.

Kein Kritiker ist durch ein Kunstwerk zu widerlegen: Kunstwerke widerlegen Kunstwerke, den Kritiker widerlegt das Publikum.

Imitation blüht dort, wo nicht mehr verehrt, sondern nur noch bewundert wird.

Die infamste aller Koalitionen gegen den Künstler ist die aus Publikum und Kritik, im Beifall gegen ihn vereint.

Der Herr und Meister der Natur steht mit leerem Blick auch vor der Kunst.

Wer immer sich noch auf eine Bühne herabläßt, ganz gleich von welchem Boden, der verdient Beifall.

Das Vulgäre ist das Gewöhnliche, das um Aufmerksamkeit ringt.

Einzig die Kunst der Vergangenheit kann man nachahmen, ohne dadurch verspätet zu wirken.

Wer sich über die Rezepte seines Erfolgs verbreitet, gönnt die Krankheit, von der er selbst sich kuriert glaubt, der ahnungslosen Allgemeinheit.

Am behaglichsten lebt der Epigone, der sein schlechtes Gedächtnis verwertet.

Auch wer Kunst und Wissenschaft »hat«, bräuchte eine Religion, die ihm sagen könnte, zu welchen Tages- und Nachtzeiten er sie jeweils zu haben hat.

Jede Avantgarde erinnert an ein Refugium verunsicherter Progressiver.

Das Verlangen nach Kunst, nicht die Anbetung ihres Schöpfers darf religiös heißen.

Nur an den zweitrangigen Werken eines Künstlers läßt sich ablesen, ob er ihr Genre beherrscht.

Die Anpreisung zieht den Preis nach sich wie das Gerücht den Ruhm.

Der vorlaute Kommentar des Kritikers ist gerechtfertigt, wo er die nachgereichte Erklärung des Künstlers erspart.

Selten gab es zu viele Musiker, häufig zu viele Menschen, die Musik machten.

Kritik ist nicht Schulung, sondern Verwaltung des Geschmacks.

Die Lehrer eines Geschmacks sagen uns, wovor wir uns hüten, die Lehrer eines Glaubens, wonach wir uns sehnen sollen.

Der Lorbeer auf dem Haupt des Fleißigen erweckt weniger Mißgunst als der Lorbeer auf dem Haupt des Begabten.

Originalität läßt sich organisieren, Originale sind nur zu konservieren.

Der Schmalztopf verwendet das Wort »entzückend« genauso wie der Schwachkopf das Wort »bedeutend«: als einstelliges Prädikat.

Manche Gemälde riechen, wenn die Farbe getrocknet ist, nur noch nach Malerei.

Nichts Komischeres als ein Theologe, der sich in seinen Gott, nichts Komischeres als ein Ästhetiker, der sich in die Kunst verliebt hätte.

Die Unterscheidung zwischen Geschmack und gutem Geschmack bezeugt dieselbe Verwirrtheit wie die Unterscheidung zwischen Sitten und guten Sitten.

Der Verfertiger von Kunst findet nur dort einen Platz, wo die Verfertiger von Ästhetiken noch nicht allen Raum okkupiert haben.

Die brutalsten Wahrheiten sagt uns ein Fachmann, der auf Verfeinerung spezialisiert ist.

Nur der *gute* Geschmack erbt sich nicht fort.

Kunsterziehung ist die Produktion dessen, was der Erwachsene seine Erinnerungen an die Schulzeit nennen wird.

Primitivität läßt sich steigern, Einfachheit nicht.

Die Karikaturisten sind die Porträtmaler und die Abstrakten die Landschaftsmaler der industriellen Welt.

Dem Genie wird seine Existenz verziehen, wenn es sie nach undurchschaubaren Regeln einrichtet.

Irgendwann ist der Ruhm nur noch durch den Reichtum gerechtfertigt, zu dem er Zugang verschafft und der schließlich eine ruhmreiche Kunst ermöglicht.

Das literarische Mittelschicht vergreift sich fast immer im Ton: Von den profanen Dingen wagt sie nur hochtrabend zu sprechen und von den sakralen nur leutselig.

Wer »*Kunst* lehrt«, bringt Schüler kraft seiner Lehrerpersönlichkeit dahin, ihm zu verzeihen, daß er »Kunst *lehrt*«.

Der Talentlose weiß stets zu sagen, auf welchen Märkten man die originellen Ideen findet.

Die Orgien der Promiskuität, die der Popstar besingt, verschaffen ihm nicht so viel Beifall wie das Interview, in dem er seinen außerehelichen Fehltritt bereut.

Nur der barocke, nicht der englische Zuschnitt eines Gartens kann die verwachsene Seele trösten.

Dem Künstler, der ein Programm vor sich herträgt, wird die Kritik bald auch ein Werk hinterhertragen.

In der Kunst kann jede Ästhetik nur eine Religion sehen, die man rechtfertigen oder die man verfolgen muß.

Noch ehe man avantgardistische Kunst erzeugt hat, weiß man schon, daß man zu den avantgardistischen Künstlern gehört.

Wer nicht dem Gesellen dienen will, der ihm in derselben Schule voranging, der kann nur noch zum Nachahmer eines fremden Meisters werden.

Man weiß von keinem »unsterblichen Werk«, das ein Künstler zu Lebzeiten geschaffen hätte.

Unnachahmlich sollte nur heißen, was jedermanns Nachahmung verdient hätte.

Kein Gefühl, so klein es auch sein mag, wirkt kleinlich, so lange es nicht mehr sein will denn ein Gefühl.

Weniges verrät unsere seelische Schwäche so sehr wie der Wunsch, unsere ästhetischen Genüsse anderen mitzuteilen.

In der Klassik, gleich welchen Landes, entsteht eine Literatur, die wohlerzogene Autoren für wohlerzogene Leser verfassen. In der Romantik suchen unerzogene Autoren ein wohlerzogenes Publikum zu erschrecken, im Naturalismus wenden sich erziehungsbeflissene Autoren an ein erziehungsbedürftiges Publikum. Im Realismus, gleich welcher Epoche, ist die Literatur ein Handel zwischen unerzogenen Autoren und nicht mehr erziehbaren Lesern.

In Gegenwart anderer Menschen »kreativ« zu sein – zu schreiben, zu komponieren, sich wie auch immer zu exaltieren – kommt einer Unverschämtheit gleich, zumindest einer Schamlosigkeit. Der »kreative« Mensch gehört in die Höhle, nicht anders als der kopulierende.

Wer sich im bürgerlichen Idyll langweilt, redet eine faschistische Kunst herbei, und wer im faschistischen Staat lebt, ist zur Verherrlichung der bäuerlichen Idylle verdammt.

Frustriert kann man nur jene Künstler nennen, die für ihre Frustration keine künstlerische Verwendung haben.

Bewunderung ist die Art von Respektlosigkeit, die man sich am häufigsten gefallen läßt.

Der dürre Gedanke hüllt sich am liebsten in ein weites Gefühl.

Man bewundert nur das Unverdiente, und wo man Verdienste und Leistungen zu bewundern meint, hat man sie unterderhand zu Launen degradiert.

Alte weiße Frauen, die junge weiße Frauen vor alten Weisen warnen – manchmal vergebens …

Die Unbefangenheit des Denkens verliert ein Intelligenzler oft erst, wenn er seine Intelligenz vom Witz des Volkes abgeschätzt fühlt.

Weiblichkeit und Spießigkeit – seit je vereint in dem Wunsch, den Künstler endlich in Person kennenzulernen!

Der gereifte Philister witzelt über die ritterlichen oder die brüderlichen Phantasien seiner Jugend wie die Verheiratete über ihre verlorene Jungfernschaft.

Man soll den Autor, dem die Sprache wichtiger geworden ist als das, was sie sagt, nicht tadeln, denn ist nicht auch den meisten Menschen die Tinte wertvoller als das Papier?

Das vorlaute, vorschnelle Urteil ist selten ein Verdikt und öfter ein Symptom der Sache, der es gilt.

An einem guten Porträt muß man erkennen können, welche Fehler der Porträtierte hat.

Die Ingenieure, die zur Literatur oder Philosophie gravitieren, werden nicht von den Ingenieuren gelesen, die sich für Literatur oder Philosophie interessieren.

Es ist wohl ein Zeichen von Lebensschwäche oder Todesnähe, wenn man fürchtet, sein Bestes noch nicht gegeben zu haben.

Die heiteren Schöpfungen einer Epoche sind jene, die man nur einmal, die tröstlichen sind jene, die man endlos konsultieren muß.

Um den großen Gelehrten bildet sich eine Schule, um den großen Dichter ein Schulhof.

Der Provinzler bewundert die hauptstädtische Berühmtheit nie ohne verstohlenen Seitenblick, ob die anderen Provinzler seine Bewunderung teilen.

Kunstliebhaber ist, wer am ererbten Wohlstand leidet, Künstler, wen Sehnsucht danach quält.

Wo man sich öffentlich zu ihm bekennt, wird das Schöne aus einer Religion zu einer Redensart.

Berufung? Die meiste Zeit wohl das Gefühl, auf dem falschen Dampfer zu sein.

Der erfolglose Dichter von links macht eine Revolution, heißt es. Und der unbegabte von rechts stiftet eine Religion, ließe sich ergänzen.

Stolz ist das sichere Indiz dafür, daß ein Werk nicht zu der Person paßt, die es schuf.

Von der »Bedeutung« eines Kunstwerks faseln allein die rationalistischen und die religiösen Banausen.

Kunst-Pyramide, katholisch: oben Kälte, unten Kitsch.

Gewisse Leser sollten den Autor, dem die Sprache wichtiger geworden ist als das, was er sagt, nicht tadeln, denn ist nicht solchen Lesern der Autor auch wichtiger als das Werk?

Lächerlich ist das, was die lächerlichen Geister feierlich stimmt.

Um mit einem Roman über die Leidenschaft, die er nie kennenlernte, bei einem Verlag zu reüssieren, müßte Ellis Bell heute das Pseudonym Emily Brontë wählen.

Die Weltklasse der Literaturwissenschaft tröstet über den Mangel an Weltliteratur hinweg.

Als Klassiker darf sich fühlen, wessen Werk zuerst als unvollständig und zuletzt als überflüssig gilt.

Der Normalität des Lebens wird nie die Philosophie, nur die Poesie gerecht.

Die Kritiker eines Romans sind sein Premierenpublikum. So büßt ein Romancier das Privileg, keine Stücke schreiben zu müssen.

Ein Sieg läßt uns wissen, was wir nicht von uns zu glauben wagten, eine Niederlage teilt uns mit, was wir nicht von uns wissen wollten.

Musik, die »den Willen« (Schopenhauer) unmittelbar abzubilden sucht, wirkt fast immer verlogen oder aufdringlich, denn ein Wille, der sich zeigen soll, zeigt sich allzu erhaben.

Durch sein Dichtertalent fühlt sich der Aristokrat geschmeichelt, der Proletarier beflügelt und der Bürger erlöst.

Die Unbrauchbaren der heutigen Literatur, diese Brauchbaren der gestrigen Literatur – wie gern würden sie als die Unverbrauchten einer ewigen Literatur gelten!

Man schreibt für die Nachwelt, weil man keine Welt vor sich hat, der man etwas zu sagen hätte.

Man mag trunken empfangen und muß doch nüchtern austragen.

Den Sublimen und den Banalen ist gemeinsam, daß sie durch viele Hände gehen können, ohne sich abzunutzen.

Alle verkannten Künstler sind Platoniker: *Sie* zumindest sehen, was sie können!

Im Leben des überreich Begabten ist Ruhmsucht nur eine gemeisterte Verlegenheit; er vertreibt sich mit der Ruhmsucht die Zeit, statt dumpf über dem Sinn seiner Begabungen zu brüten.

Es gibt auch verkannte Talentlosigkeit.

In der bürgerlichen Welt hält der Künstler sich für den einzigen, der ein Recht auf den Dünkel und die schlechten Manieren des Adels hat.

Den Größenwahn der »für immer Verstummten« übertrifft nur der Größenwahn der nie zu Worte Gekommenen.

Der Eifer, herausragende Kunst anzupreisen, bildet das Urmeter der ästhetischen Dummheit.

Welche Erleichterung für einen Tiermaler, daß er sich von den Porträtierten nicht *beauftragt* fühlen muß!

Das Dilemma der künstlerischen Produktionslehre? Übertreibung oder Mittelmaß!

»War ich das?« Der Schöpfer, den sein Kunstwerk erstaunt, ist noch eitler als der Künstler, der seine Schöpferkraft bewundert.

Bei den Frühreifen hängt alles Spätere davon ab, wer zuerst bei ihnen erntete.

Was man »seiner Bestimmung folgen« nennt, ist meist nur die Unfähigkeit, die Sprache der anderen zu sprechen und zugleich ihre Stimmen zu übertönen.

Lobpreisung ist die Theorie, Nachahmung die Praxis der Bewunderung.

Den Tod des Autors überlebt allein, wer ihn glaubhaft dem Mitautor verkündet.

Jede Ästhetik muß die Defizite einer herrschenden Kunst rechtfertigen: die expressionistische ein Defizit an ausdruckswürdiger Realität, die realistische ein Defizit an ausdrucksfähigen Ideen, die idealistische ein Defizit an künstlerischen Ideen etc.

Nachdem die Kunst für die Religion nichts mehr tun konnte, blieb ihr, um selbst zu überleben, nur mehr übrig, die Strenge und den Irrsinn eines gewissen Glaubens nachzuahmen.

Kein Wesen ist in sich selbst poetisch, doch es gibt Wesen, von denen Poesie ausgeht, und es gibt Wesen, in denen sie vermutet wird.

Schmeicheleien sind Balsam, nicht Manna für die Künstlerseele.

Religiös ist ein Künstler erst dann geworden, wenn er gegen die Einflüsterungen jeder positiven Religion taub bleibt.

Große Kunst nimmt stillschweigend religiöse Aufgaben wahr, kleine fordert lautstark, daß man sie ihr übertrage.

Von der Poesie freiheitsliebender Völker erfährt man nur so lange, wie ihre Dichter fremde Truppen gegen die einheimischen Despoten erflehen.

Ästhetiken sind Erzeugnisse eines Kunstverstandes, der sich ängstigt oder langweilt.

Am jämmerlichsten tönt das Geschrei des Mannes, der unter Schmerzen gebiert.

Kunst ist für alle die nicht da, deren Leben aufregend oder einschläfernd genug ist.

Wer Religion nicht hat, der habe Kunst und Wissenschaft ... scheint das Credo jedes nachgoethischen Zeitalters zu sein!

Literarisch neigt der Revolutionär zum Kitsch, der Reaktionär zum Schwulst. Der Gemäßigte bleibt bei seiner Romanze mit dem Realismus.

»Sich den Herausforderungen seiner Zeit stellen« – das klingt wie Hohn für einen Geist, der sich von Zeitgenossen umzingelt fühlt.

Wenn der Künstler tatsächlich der Gegenentwurf zum Bürger wäre, hätte er unmöglich an dessen Fruchtbarkeit teilhaben können.

Avantgardismus und Populismus bilden die Janusfratze einer Kunst, die keine Auftraggeber mehr akzeptiert.

Der Berufskritiker der offenen Gesellschaft kann es sich nicht verleugnen: Stillen Vertrauens des Volkes erfreuen sich nur Künstler und Dichter in geschlossener Gesellschaft.

Ästhetisches und logisches Ungenügen am Tatsächlichen haben dieselbe Quelle: Verwöhntheit durch die Schlüssigkeit des Traumes.

Eine unnennbare Zeit des Jahres befreit uns davon, unsere Schwermut aus uns selbst zu gewinnen.

Der Wunsch mancher Schriftsteller, ihren Ruf zu kontrollieren, erinnert an jene Fanatiker, die von einer spürbaren, ja machbaren Gesundheit träumen.

Schriftsteller kann fast jeder sein, doch nicht jeder wird sich Schriftsteller nennen. Sondern nur jener, der es fertigbringt, sich beim Schriftstellern fotografieren zu lassen.

Die erste Begegnung mit dem Berühmten macht immer verlegen: er bleibt allzu sehr hinter unseren Erwartungen zurück und hat doch, wie jeder andere Mann von Welt, auf etwas mehr Anspruch als bloß auf unser Mitleid.

Der Dichter, der die Liebe seines Volkes oder seiner Zuhörer oder der Kritik oder einer Frau erstrebt – wirkt er nicht wie ein Mensch, der von den Gänsen geliebt werden will, weil er gern Gänsebraten ißt?

Das Elend des Anfängers ist es, daß er eher die Kenner zu überraschen als die Laien zu enttäuschen versteht.

Manchmal muß man Habgier, also Ernsthaftigkeit vorspiegeln, um nicht einer lächerlichen Ruhmbegier verdächtig zu erscheinen.

Der redliche Künstler ist nur darum Produzent geworden, weil ihm die geborenen Produzenten ringsum die Freude am reinen Konsum verdarben.

Der Appetit auf Kunst kommt und geht mit dem Essen.

Was ist schäbiger: Veröffentlichung intimer Briefe von Berühmten oder Veröffentlichung der Kopien eigener Briefe, durch die man einst die Antworten der Berühmten provozierte?

Das Leben eines Dichters oder Denkers verdiente höchstens dann Interesse, wenn sein Werk nicht den kleinsten Hinweis darauf enthielte. So daß seine Aura durch jene »Interessierten« nicht anzutasten wäre ...

Für die Abfassung einer Ästhetik eignet sich am besten der Moment, da man nicht mehr die Not empfindet, aus der man nach Kunst greifen muß, und noch nicht die Langeweile spürt, dank derer man sich die Kunst gefallen läßt.

Geistige Gesundheit: nichts Süßes schlingen. Seelische Gesundheit: nichts Bitteres speien.

Das Schöne gewinnt Macht, wenn es die Begierde zur Anbetung verkleinern oder zur Aggression aufblähen konnte.

Wer sich für eine Karriere als Nachahmer entscheidet, sollte Zweitrangiges imitieren, dies aber ohne Skrupel noch Ehrfurcht.

Der Erstgenuß seiner Naivität bedeutet für den Naiven selbst oft eine Katastrophe, seine Wiederholung macht dem Genießer zumeist Langeweile.

Für den Kritiker ist jedes Buch ein Ereignis, das ihn durch den gewissen Respekt erniedrigt, zu dem Beobachter von Ereignissen verurteilt sind: Man begreift seinen Groll.

Es muß einen Künstler einschüchtern, wenn er als einziger um seinen Wert weiß.

Traditionalismus: Sentimentalität gegenüber dem Vergangenen. Avantgardismus: Servilität gegenüber dem Vergänglichen.

Zuverlässig erkennt man das Wunderkind an seiner Frühvollendung, worin es das getreue Abbild seiner stolzen Eltern bleibt, die sich seit ihrem siebten Lebensjahr kaum mehr entwickeln mußten.

In der Wissenschaft zieht die Überproduktion eine Überfülle des Lobes, in der Kunst eine Überfülle der Schmähung nach sich.

Selten erweckt ein Erfolgreicher Mitgefühl, ausgenommen jener, dessen Erfolg sich als mißlungenes Streben nach dem Mißerfolg erweist.

Mehr als in Lobhudeleien muß der Kritiker in Verrissen etwas von sich selbst preisgeben. Daher inzwischen die Seltenheit der Verrisse.

Das Verstörende an gedruckten Texten ist gewiß, daß dasjenige, was ihren Autor überdauern wird, schon jetzt existiert. Autorschaft – ein Leben angesichts des selbstgezimmerten Sarges.

Darwins Deutung der natürlichen Schönheit als Relikt vergangener Nützlichkeit ist die bürgerliche Kunsttheorie in nuce: das Schöne als das, was nicht mehr zu gebrauchen ist.

Worin das Genie den Durchschnitt überschreitet, wissen die Verwalter der Durchschnittlichkeit besser zu sagen als die Biographen des genialen Wahnsinns. Für letztere darf es keine unnötigen Überschreitungen geben, müssen sich Trieb- und Traumdelirium zum taghellen Nutzen fügen: Möbius spricht die Sprache, Freud atmet den Geist des Philisteriums.

Neue Musik läßt sich hören, wenn man dabei an alles denkt, was man über sie gelesen hat.

Das Originalgenie der kulturellen Moderne ist der Moderneverächter, der massenhaft wimmelt und doch seinesgleichen nicht wahrnimmt.

Unter den verkannten Genies sind jene, die sich selbst verkennen, am ehesten erträglich.

Um sich als Original zu verewigen, muß man sich täglich von neuem nachahmen.

Ein Künstler mit »Werk« braucht kein Kind, eine Künstlerin mit »Werk« keinen Künstler.

Die aus religiösem Dienst entlassenen Dichter haben im zwanzigsten Jahrhundert nur zweierlei Glück gekannt: Befehle zu erhalten und Befehle zu erteilen.

Das »moderne Leben« ist nicht würdeloser als irgendein vergangenes, es ist höchstens nicht würdig, dargestellt zu werden. Und nicht einmal das ist sicher, ob seine Darstellung das »moderne Leben« würdelos erscheinen läßt oder die Tatsache, daß es selbst sich darstellt.

Die These, daß jeder Mensch Künstler sei, wäre glaubhaft, wenn sie kein Künstler aufgestellt hätte.

Imitation verschont das Imitierte auf eine Weise, die es zerstört.

Der Stolz der neuesten Mode speist sich aus ihrer Gewißheit, schneller zu veralten als alle vorherigen und somit auf immer von ihnen unterscheidbar zu sein.

Naturgewachsen und reflexionsimmun sind nur Schwulst und Kitsch, daher ihre ewige Überlegenheit über alles »Klassische« und seine Synthesen.

Ihr künstlerisches Gewissen gebietet Deutschlands Romanautoren, unverfilmbar, und Deutschlands Dichtern, unübersetzbar zu schreiben.

Allzu gute Kritiken sind in der Regel verhängnisvoller als moderat schlechte: Das ausführliche Lob erschöpft die Aufmerksamkeit für das Werk, statt sie zu wecken.

In der Gesellschaft von Allesfressern sehnt man sich nach Aasfressern, unter Geschmacklosen sehnt man sich nach Leuten mit ausgesucht schlechtem Geschmack.

Die gute Kritik vernichtet durch den *einen* bösen Satz, auf den alles Lob in ihr hinweist.

In der kulturellen Provinz lärmen Fremdenfreunde und Fremdenfeinde um die Wette.

Man muß schon das Temperament eines Jehova haben, um das Kino nicht zu verfluchen ob des einen Films unter hundert, der dem Leben ein Gerechter sein kann.

Der Bruch mit der Tradition ... Er hilft denen auf die Sprünge, die nichts haben als Tradition.

Das Elend des Künstlerdaseins bildet heute jene typischen Stufen eines frommen Lebenslaufes ab, deren Darstellung einst der religiösen Kunst vorbehalten war.

Unsere literarischen Latein-Angeber ... Das tote Idiom ertönt zur Beruhigung vergifteter Seelen, in der Andacht kranker Gemüter, in der Nähe sterbender Körper!

Man hat vom sozialen wie vom kulturellen *hortus conclusus* nichts verstanden, wenn man ihn nicht als den Ort versteht, an dem die auserwählten Geister sich gehen lassen wollen.

Stille Einfalt ... Für den Eindruck edler Größe ist sie unabdingbar. Man stelle sich nur einmal vor, all diese Damen und Herren aus Marmor würden wie auf einem antiken Marktplatz zu schwätzen beginnen!

Am seltensten sind die Genies, die sich selbst verkennen.

Trübe Pfützen spiegeln den Menschen, der sich über sie beugt, getreuer als die Welt, die sich um sie legt.

In einer Geschichte des Geschmacks würde der gute fehlen.

Künstler müssen die tatsächlichen Übel verschlimmern, um sie vollständig darstellen zu können.

Persönlicher Stil? Den kann nur eine Person haben, der außer Stil nichts geblieben ist!

Wie viele Maler und Dichter wären Avantgarde geworden, wenn sie sich nicht in der Gewißheit gesuhlt hätten, Avantgarde zu sein!

Was in seinem Triumph nicht verendet, hat nicht für ihn gelebt.

Schief wirken nur die Werke und Dichter, die aneinander begradigt wurden.

Tragödien erschüttern, Dummheiten rühren, Gemeinheiten machen nachdenklich.

Allein der luxusgewohnte Künstler kann es sich leisten, nur das Notwendige zu schaffen.

Der gute Geschmack beweist sich eher an dem, was man spontan ausspeit, als an dem, was man bedachtsam hinunterwürgt.

Wenn das Schöne sich nicht abnutzen soll, dann muß es den Tag seiner Geburt vergessen.

Die reiche Gattin schreibt aus Langeweile, die reichgewordene aus Gewohnheit.

Geschmacklosigkeit ist Gewöhnlichkeit, die auffallen will.

Schmähung befleckt, Lob besudelt noch das Beste.

Die Ruhmsucht zeigt fast immer eine Vergreisung an: sich einen Namen machen wollen, dem eigenen Leben absterben ...

Nur die Karikatur verschafft dem bürgerlichen Tier ein menschliches Antlitz.

Talent fließt aus der Provinz und versickert in der Hauptstadt.

Der Nostalgiker der Naivität glaubt, naiv genug, daß er unter einem Übermaß an Reflexion leide.

Was sie berühren, verfälschen sie, selbst noch den Ekel vor der Verfälschung.

Das Lob ist meist nur ein Affront, der auf Knien naht.

Je mehr Bücher geschrieben sind, desto seltener wird eine Mündlichkeit, die sich dem schon Geschriebenen widmen könnte.

Auch in der Sprachkunst gibt es nur ein Mittel, um nicht als Restaurator zu enden: nicht als Revoluzzer begonnen zu haben.

Wer sein Kind liebt, der züchtigt es, wer sein Werk liebt, der gibt es zur Züchtigung frei.

Die Verwandtschaft von Schönheit und Dummheit – durch beider Fremdheit gegen den Schmerz.

Um halbfertige Menschen zu provozieren, muß man sie nur vollständig porträtieren.

Von einer Nationalliteratur kann man dort sprechen, wo auch Talentarme sich schöpferisch dünken können, ohne sich hierfür auf ihr Nationalgenie berufen zu müssen.

Ein »Werk« allein aus Meinungen? Wenn sie einander widersprechen, warum nicht!

Die Begabten erweitern, die Berufenen beschränken sich.

Einen Fortschritt hat die Erziehung der ästhetischen Urteilskraft immerhin aufzuweisen: Man führt sich das Minderwertige nur noch zu, um sich darüber zu *informieren*.

»Er hat einen bedeutenden Essay über Beethoven verfaßt.« Hört sich an wie: »Das Erdbeben ist inzwischen Stadtgespräch.«

Seine erste Oper schrieb er, um sich den Ruf eines Komponisten zu erwerben, die zweite, um seinen Ruf zu rechtfertigen.

Erst ein vollendetes Werk erlaubt eine systematische Ästhetik – und bedarf ihrer endgültig nicht mehr.

»Christliche Kunst« – vielleicht ein ebenso widersinniger Ausdruck wie »christliche Philosophie«. Immerhin: Die Religion, die das Dienen lehrt, hat gelernt, wie man andere Mächte in Dienst nimmt.

Niemand glaubt weniger an die Banalität seines Lebens als der Autor, der sie in feierlichem Ton bekennt.

Poeten, die sich als Philosophen ausgeben, sind meist bloß lächerlich. Philosophen, die sich als Poeten ausgeben, sind mindestens lästig.

Der Amateur schreibt Bücher, weil ihm niemand zuhört, der Professionelle, um niemandem zuzuhören.

Wenn Mittelmaß sich auf dem Hochsitz spreizt, tritt Größenwahn auf die Lichtung.

Nach Schopenhauer bietet die Kunst das Leben in schmerzloser *und* interessanter Form. Eine Synthese, die nur Klassikern gelingen dürfte. Die anderen suchen uns weh zu tun oder sich interessant zu machen.

Die starken Werke schaffen Erinnerungen, die stärkeren erwecken Erinnerungen.

Im Realismus der Rockmusik dröhnt Furcht vor einer Realität, die nur der Schlager zu besingen wagt.

Wenn ein Dichter nicht mehr an die Nachwelt glauben kann, beginnt er, sich für die Nachwelt derer zu halten, die noch nichts von seiner eigenen Welt wissen konnten.

Dem Chanson huldigen die Völker, die sich nur durch Worte belügen lassen.

Wie muß man sich den »glücklich Schaffenden« vorstellen? Wahrscheinlich als den Künstler, der ein Gesicht aufsetzt, ehe er sich ans Schaffen macht.

Je vollständiger die Frau nur Sprachrohr ist, desto volltönender ihr Gesang: Edith Piaf, Mary O'Brien … Magere Entlein tauchen am tiefsten.

Die Begabten gehen durchs Leben, die Berühmten schwimmen mit der Zeit, die Berufenen ertrinken im Lob.

Einem Künstler, dessen Werk aus der Einsamkeit gewachsen ist, wird nichts widerwärtiger sein als ein Bürger, der die Einsamkeit aufsucht, um ein Werk zu schaffen.

Die »revolutionäre Erneuerung« beginnt stets mit der Kanonisierung der revolutionären Errungenschaften – in der Kunst, in der Politik, überall.

In der anonymen Masse atmet der Einzelne freier als im ausgesuchten Kreis, dessen Regeln einen Konformismus erzwingen, wie ihn kein Despot zu verlangen wagte. Mit anderen Worten: In Avantgarden versammeln sich die künstlerischen Zwangscharaktere.

Auf jede »Befreiung der Phantasie« folgt zuverlässig ihre Ausbeutung.

Der Berühmte muß sich zuletzt von der Bühne herab und unters Publikum begeben. Der Verkannte verläßt das Publikum und gelangt ins Freie. Sagt der Verkannte.

Was ist ein Schüler? Jemand, dessen Submission uns anwidert und vor dessen Supervision wir zittern.

Was wäre ein »sozial verantwortlicher« Dichter? Vielleicht ein gefeierter Altmeister, der seinen Ruhestand aufgibt und über einem Spätwerk zu schwitzen beginnt, nachdem er den verderblichen Einfluß der Jugend in den schönen Künsten seines Landes erkennen mußte.

Sexualität ist Privatsache, Religiosität sollte es sein. Zivilisierte schweigen von beidem. Unzivilisierte suchen aus dem einen oder dem anderen Literatur zu machen, schwurbeln vom *dark room* oder vom *Sopha*.

Jeder, der in der Kunst aufs Interessante schwört, sieht sich aufs Christentum verwiesen: Die christliche Seele ist weder schön noch erhaben, jedoch interessant in ihrem Kummer darüber, nicht Ursache ihrer selbst zu sein – sondern Nachwirkung eines älteren Glaubens.

Menschwerdung des Künstlers? Wenn er seinen Affen gefunden hat!

Der erfolgreiche Nachahmer macht dem Schöpfer klar, daß sein Werk ihn bereits überlebt hat.

Wenn der Kritiker einen Künstler durchaus kränken will, dann wird er ihn nicht totschweigen oder niedermachen, sondern in den Himmel heben – zusammen mit einer Reihe von Versagern.

Das aristokratische Drama: Man ist viel gewesen. Das bürgerliche Drama: Man hat viel besessen.

Wer seine Geistlosigkeit spürt, flüchtet sich gern in Begeisterung, wofür auch immer.

Größenwahn verträgt sich mit realer Größe wie mit dem Kalkül der Kleinen.

Die Angst davor, sich lächerlich zu machen, hilft dem Mittelmäßigen zum guten Geschmack und hemmt die Naturbegabung durch moralische Skrupel.

Man wagt es, Bach zu hören. Aber nicht mehr bis ans Ende.

Die Angst davor, konventionell zu wirken, ist die Spießigkeit des Berufskünstlers.

Den lebenden Klassiker zu loben wagen sie nicht, weil sie seine Verachtung fürchten müssen.

Wenn das Genie seine Armut beklagt, dann nur, weil es glauben möchte, daß es auch an lösbaren Problemen leiden könne.

Berufung ist, wogegen der Berufene sich wehrt und wonach der Unberufene strebt.

Was ist das Elend der verkappten Bürger, die als Künstler scheiterten, gegen jenes der verkappten Künstler, die als Bürger auslebten? Letztere wußten, was sie nie sein würden, von Anbeginn, erstere ahnten es, gegen Ende, dann und wann.

Die Jugend wird durch Epigonen stärker in Wallung versetzt als durch Klassiker: Sand tötete Kotzebue und ließ Goethe leben.

Für den Dichter hat der Ruhm der Welt nur *einen* Sinn: den Reichtum herbeizuschaffen, der ihm das Leben in der Welt erspart.

Den Schwachen nährt die Stille. Wäre ein Friedrich Nietzsche, vom Beifall umrauscht, so schöpferisch geblieben wie ein Richard Wagner?

Die Exaltation erspart es einem sensiblen Geist nicht nur, die Roheit oder Dummheit der Zeitgenossenschaft zu ertragen, sondern umkränzt seinen Katzenjammer mit der Glorie schlechten Gewissens, daß er sich von der Normalität des Lebens so weit entfernt habe.

Die ausgleichende Kraft moderner Exzesse liegt darin, daß sie Form und Stoff gleichermaßen hinter sich lassen.

In der Biographie des Bürgers wird das Gesicht irgendwann zur Maske, im Lebenslauf des Künstlers wird die Maske frühzeitig zum Gesicht.

Wer sich selbst eine Periode des Formzwangs auferlegt hat, der findet endlich zum reinen Schrei – zum Anruf von Göttern und Menschen. Unnötig zu sagen, daß er nicht erhört wird.

Man soll die Bewunderung der Schwachköpfe nicht geringschätzen: sie sind die Totengräber des Talents, geben es also der Erde zurück, jenem Ort der Gerechtigkeit, aus dem Talent und Untalent wachsen.

Das Wort Pöbel nimmt nur der Dandy, niemals der Künstler in den Mund, und wenn doch, dann allein zur Bezeichnung jener, die ihm nicht durch ihre Arbeit, sondern durch ihre Freuden einen Ekel einflößen.

Wer etwas zu sagen hat, braucht keine Pointe. Wer nichts zu sagen hat, braucht die Pointe oder braucht das, was andere sagten.

Philister ist nicht schon, wer einer regelmäßigen Tätigkeit nachgeht, sondern erst, wer dafür den Beifall von regelmäßig Tätigen erwartet.

Der engagierte Filmautor zeigt die Verelendung der Volksmassen auf so eindringliche Weise, daß diese vor ihrem Elend ganz andächtig werden und vor den Filmpalästen zurückscheuen wie vor Tempeln.

Das Fleisch, das bearbeitet wird, beobachtet das Fleisch, das arbeitet. Das Fleisch, das bearbeitet wird, spürt dabei nichts als seine Überlegenheit durch Beobachten. Das mag man traurig, muß man aber nicht lächerlich nennen. Lächerlich wird es erst, wenn die Passivität sich für Passion hält.

Der sentimentale Blick auf den Künstler gilt nie dem unerzogenen Bettler, sondern stets dem verzogenen Narren.

In einem steht der häßliche Deutsche hoch über den Häßlichen anderer Völker: Er haßt sich selbst.

Das Publikum muß seinen literarischen Lieblingen stets ein wenig die Luft abdrücken, damit sie glaubwürdig klingen, wenn sie die Meinungen des Publikums verkünden.

Sein Talent entfernt den Künstler vom Menschen, sein Mißerfolg bringt ihn dem Menschen wieder nahe.

Der Verkannte inmitten der Menge träumt vom Ruhm als einer Einsamkeit, die nicht schmerzt.

Guten Gewissens entmachtet der Ästhetiker zuerst den Geschmack und zuletzt die Kunst.

Der Ruhm verspricht eine zeitlose Form, die an einen Namen geknüpft ist, die Liebe ein namenloses Fortleben im Stoff. Illusionslos kann nur die Seele sein, die als substantielle Form ausleben darf.

Einem Menschen, der weder im Leben steht noch so weit daneben, um daraus Kunst machen zu können, wird man zu einer wissenschaftlichen Karriere raten müssen.

Der Avantgardist strebt ins Museum wie in den Sarg, worin er sich von den Kompromissen der Zeitgenossenschaft ausruhen kann.

»Als ich geboren wurde, waren meine Kollegen längst gestorben, wenn ich gestorben sein werde, werden meine Leser noch nicht geboren sein.«

Die Zeitgeistigen sind morgen veraltet, die Avantgardisten schon heute.

Direkter Ausdruck frommt nur nuanciertem Denken.

Der Preziöse sucht das Gutgeschriebene zu übertreffen, der Geschmackvolle eifert dem Gutgesprochenen nach.

Gibt es eine Preziosität, die nicht verzierte Banalität wäre? Anders gefragt: Gibt es eine angeborene Geziertheit?

Das Originalgenie kastriert zuerst seine Nachahmer und verhilft ihnen dann zur künstlichen Fruchtbarkeit.

Ruhmlos bleibt jeder, der das Wissen um seine Berühmtheit nicht unter die Leute zu bringen verstand.

Die Phantasie der meisten Romanciers erschöpft sich im Erdenken der Figur, die ihre Romane schreiben wird.

Was dauerhaft gegen einen Autor einnehmen kann, das ist seine Fähigkeit, in Glück und Unglück zu leben und von beidem zu schreiben – kurz, seine Fähigkeit, uns zu Bestandteilen seiner Lebensschau zu erniedrigen.

Ein Dichter, der niemandem etwas nachzutragen hat, ein Dichter also, der über das Talent zu vergeben oder zu vergessen verfügt, muß das Schlimmste befürchten lassen: Verlassen von seinem Gedächtnis, wird er sich ganz dem *Erfinden eines Werkes* widmen.

Der professionelle Philosoph beginnt mit der Verneinung der alltäglichen Poesie. Das Leben heißt dann nicht mehr Traum, sondern Betrug.

Ein klarer Blick für seine fehlende Erstrangigkeit bewahrt den zweitrangigen Geist davor, in die Drittrangigkeit abzugleiten.

Die Einzigartigkeit eines Kunstwerks kann so groß sein wie die eines Lebens – und damit von gleicher Bedeutungslosigkeit.

Es kostet einen Autor viele Jahre, bis er weiß, wer er ist. Es kostet einen Autor seine letzten Kräfte, dieses Wissen dem Publikum glaubhaft zu machen.

»Kunst ist nicht für alle da« – wer diese Banalität verkündet, schielt nach dem Beifall jener, die er nie anzuschauen wagte.

Entweder die eigene Häßlichkeit ausstellen oder fremde Schönheit darstellen. Wer sich außerhalb dieser Alternative glaubt, ist für uns Zeitgenössische ein Sentimentaler oder ein Scharlatan.

Hat der Romantizismus uns je eine andere Wahl gelassen als die zwischen Selbstzerfleischung und Kunsthandwerk?

Das poetisch-kritische Genie präsentiert seiner Nation alles, was ihr an Genie fehlt und was anderen Nationen zu keiner Poesie taugte.

Hört man jemanden, beispielsweise, von Baudelaire *schwärmen*, so glaubt man Zeuge einer provozierenden Gesundheit oder zumindest einer unverwüstlichen Einfalt zu sein.

Der wahre Poet schreibt, wie der gute Priester spricht: rituell. Die Förmlichkeit im Wort ist der Tribut für die Grobschlächtigkeit im Leben.

Ein Originalgenie zu werden ist gar nicht so schwer: Man muß nur die Disziplin finden, worin man nicht nur als einziger siegen, sondern auch nur als einziger kämpfen kann.

JRB: Der Expressive findet leichter zum Klassizismus als zum Klassischen.

Irgendwann muß man sich entscheiden, ob man ein gelesener Autor in der Bibliothek werden will oder ein gefragter Autor im Buchladen.

Zum Klassiker taugt nur, wen man vermehrt liest, wenn er weniger schreibt.

Die Komödianten sprechen, wie sie schreiben.

Ballade, schöne Notwendigkeit.

In Traumfabriken deckt sich die Einfalt der Rollen mit der Einfalt der Träume.

Die Fernglotzer vom Lande und die Kinogänger der Städte … Wer ein eigenes Leben hat, muß sich nicht von fremdem Leben ernähren.

Was den Klassiker vom Erfolgsautor unterscheidet, ist die Schuldlosigkeit am Niveau seiner Leser.

Sentenz und Suada sind Verbündete gegen jenes eingehegte Absolute, das sich »ein Werk« nennt.

Die Nachwelt urteilt erbarmungslos über das, was die Mitwelt anbetete. Eine Erbarmungslosigkeit, die mehr noch die Anbeter selbst verdient hätten …

Ruhm ist das Tolerierte, Erfolg das Unvermeidliche. Man begreift es am Erfolgreichen, jenem Unvermeidlichen, den man tolerieren muß.

Die »starke Künstlerpersönlichkeit« vermag es, aus dem Kitsch der Idee den Schwulst der Form zu gewinnen.

Ein unfreiwilliger Parodist des Klassikers … ein Hohlkopf, der den Gipskopf gibt.

Was »ein Werk« ist, kann und muß niemand sagen, wie es entsteht, kann jedermann sehen: als aufgehaltene Bewegung. Durch Schreiben kann man Denken, durch Veröffentlichen kann man Schreiben verzögern. Jeder Aufenthalt hinterläßt eine Erinnerung.

Die verborgene Dummheit eines klarsichtigen Geistes wird offenbar, sobald er zu *produzieren* wünscht.

Der Lehrer als Künstler? Ein Schüler als Lehrer!

Das Kino despotischer Staatswesen wirkt zugleich natürlicher und übernatürlicher als dasjenige Hollywoods, da es das Gewöhnliche zeigt und verklärt, statt das Ungewöhnliche zu fingieren.

Die Zartfühlenden in einem grobschlächtigen Weltalter erkennt man daran, daß sie das reine Nichts einem nichtigen Etwas vorziehen.

Am raschesten veraltet der Teil eines Werkes, den sein Schöpfer als unzeitgemäß deklariert hat.

Der Künstler kennt nur ein einziges Haustier, und das baut sich rasch sein eigenes Haus: der Affe des Künstlers.

Ein kultivierter Bürger ist, wer sein Lachen, ein kultivierter Dichter, wer sein Seufzen zu dosieren weiß.

Truffaut bekannte, er habe Claude Jade wegen ihrer Anmut, Schönheit, Klugheit etc. begehrt – und wegen ihrer guten Manieren. Wenn es ein *Französisches Bekenntnis* gab, dann war es dieses.

Einst machte man Kunst, weil es um Gott ging oder wenn man zu Hofe gegangen war. Heute, wenn es einem zu gut oder zu schlecht geht.

Die pubertäre Revolte gegen das Bürgertum stützt dessen Wahn, die reife Menschlichkeit zu verkörpern.

Wer unbekannt stirbt, der hat vielleicht gelebt; die anderen waren bloß geschäftstüchtig oder zeugungsfroh.

Klassisch wird jede Epoche genannt, in der man Banalitäten ohne Scham und ohne Unverschämtheit sagen kann.

Der enttäuschte Schmeichler des Künstlers wird zu dessen hoffnungsfrohem Verleumder.

Wer seinen Schreibstil an der Jazztrompete schulte, hat sich vor seinem Publikum retten können: Virtuosität erspart Expressivität.

Die Zeitgebundenheit eines Buches zeigt am deutlichsten dasjenige an ihm, was als Unzeitgemäßheit gemeint war.

Bübchen-Belletristik und ihr Drohen mit dem Vater, ihr Künden vom Ewigen, zu dem das sensible Zeitkind fliehen werde, wenn ihm die anderen Zeitkinder nicht huldigten …

Wenn die Oberfläche zudringlich wird, dann nicht selten, um tief zu scheinen. Und – Wunder über Wunder – sie zerdehnt sich so sehr, daß sie zerreißt und ihren Abgrund zeigt.

Gegenwartsliteratur kann es nur geben, wo eine literarische Vergangenheit den Leser bereits erzogen hat, nicht wo eine literarische Gegenwart den Leser zu erziehen sucht.

»Man verehrt mich? Welche Ahnungslosigkeit, welche Anmaßung!«

Man kann sich noch so geschickt darum drücken, eine *Generation* zu sein – die nachfolgende wird einen doch dazu ernennen.

Die Angst vor dem Lächerlichen folgt der Anmaßung des Erhabenen.

Wer Bücher übersetzen will, sollte sie schreiben können, ohne das zu müssen oder zu wollen.

Am meisten würde ein gesundes Mittelmaß jenen Epochen frommen, die glauben, weit darüber hinaus zu sein.

Die Verehrer der Tagesberühmtheit bilden den solidesten Schutz gegen die Versuchung, sich ihren Werken morgen oder übermorgen doch noch zuzuwenden.

Vom Teufel, von der Kirche und vom Publikum sollte man Geschenke nur dann annehmen, wenn man sie wirklich nicht braucht.

Wer seriell produziert – ob Romancier, ob Keramikerin –, der kann keine positive Natur sein. Das Gute läßt sich nicht unbegrenzt vermehren, anders als das Schlechte. Das Schlechte ist aber auch, dies zur Entschuldigung der ewig Produktiven, ständig zu überwinden, durch eine womöglich geschwätzige, gefährdete Art des Guten.

Kaum einer, den der Ruhm nicht erniedrigt hätte, indem er den Berühmten zwang, sich aus eigener Kraft erhöht zu glauben.

Das Edle einfach zu sagen, ist die Natur jeder klassischen Kunstepoche. Dem Klassizismus wird das zu einer Aufgabe, die er nur mit Verschämtheit oder Anmaßung löst.

»Ich kämpfe nicht gegen die herrschende Dummheit! Ich kämpfe gegen das Herrschende und vertraue darauf, daß es die Dummheit sei.«

Antikommunismus als Grundtorheit der Epoche: ein halbwegs intelligentes unter den politischen Dikta Thomas Manns. Was macht es da schon, daß es nicht authentisch ist ...

Die engagierte Schriftstellerin stimmt es glücklich, wenn der progressive Leser alle Absichten erkennt, die sie durch ihr Schreiben zu verbergen suchte.

Unglücklich der Künstler, der ein Held der Jugend werden möchte, wo doch in jedem Bewunderer ein nacheifernder Niedertreter steckt. Der Held der Alten hat es komfortabler: Ihn bewundern, mit vernehmlichem Zähneknirschen, die gescheiterten Imitatoren.

In der Provinz sind die primären Begabungen mit Imitationen beschäftigt und in der Metropole die sekundären Begabungen mit Kreationen.

Wenn die Kunst nicht mehr dazu taugt, den Ängsten und Begierden eine Form zu geben, wird sie zum Sammelsurium aller Sehnsüchte danach, Angst und Gier empfinden zu können.

Ins Gerede kommen – für den Ruhmsüchtigen heißt das, dem Publikum vorzureden, was es ihm nachzusagen habe.

Die Vulgarität jener, die mit sich selbst zufrieden sind, hinterläßt weniger ästhetische Wüsten als die Ambitionen jener, die »über sich hinauswollen«.

Professionell sind wir, wenn wir die Idee von unserer Person so bedenkenlos verwirklichen, als wäre es die eines anderen.

Der Schriftsteller, der über *sämtliche* Worte verfügt, kann uns so wenig trösten wie der Theologe, der *überall* Gottes Wirken erkennt.

Der klassische Typus fürchtet keine falschen Freundschaften. Unversehrt geht er durch den romantischen Schwulst wie Chopin durch das Paris der Lamartine, Delacroix, Hugo.

Nach wie vor sind die Lumpe bescheiden. Doch neben der Bescheidenheit im moralischen Posieren, die den kleinen Ehrgeiz nach größerer Geltung umgibt, existiert die echte, angeborene Bescheidenheit jener Geister, die nichts von sich verlangen, schon gar nicht Geist.

Das Leben dieses Künstlers – es war so unbedeutend, daß sich nur noch Kunst draus fertigen ließ.

Wer seinen Idolen nacheifert, der verschweigt ihre Namen oder erwähnt sie nur, um sie zu entweihen oder zu beschimpfen.

Zum Tod eines Vergessenen scheint nichts zu passen – weder ein Zeichen der Trauer noch eine Erinnerung an seinen Ruhm von einst.

Der Beifall der Öffentlichkeit ist letztlich nur die Strafe dafür, daß man sich einst selbst beigestimmt und zugeklatscht hat.

In der sozialen Ästhetik ringen seit je zwei Fraktionen miteinander: die der inneren und die der äußeren Verkommenheit.

Ironie in der Musik und im Eros – zeugte sie je von etwas anderem als von Impertinenz oder Impotenz?

Je weniger von der Kunst sichtbar ist, desto mehr ist vom Künstler zu sehen.

Die Angst vor dem Banalen – Antrieb gespreizten Schreibens nicht weniger als exquisiten Glaubens.

Selbstironie soll den Selbstmord verhindern: Der Mensch macht sich klein vor seinem Leben, damit es im Lachen über ihn seinen tödlichen Griff lockert.

Redet einer von absoluter Kunst? Dann meint er die Religion der Gottlosen!

In jenem Land wird man kaum *verkommen*. Dagegen kann man dort in Üppigkeit *verkümmern*.

Das präzis Artikulierte behauptet nur in der Musik und in der Metaphysik ein gewisses Nachleben, unter jenen Gespenstern nämlich, welche »die starre Form mit Leben füllen« wollen. Im gemeinen Menschen- wie Geistesleben ist ausgesprochene Präzision tödlich.

Genies werden verkannt, Talente vergessen.

Nur Bücher schreiben, die unnütz und unersetzbar sind!

Die aufrichtigen Komödianten gehen sich selbst auf den Leim.

Die Literatur spürt ihr Alter an nichts anderem als das Lebendige: an Innovationen.

In Diktaturen ist der dunkle Stil eine Verpflichtung, in den Demokratien eine Versuchung für freie Geister.

Der Avantgardist: ein Hansdampf in all jenen Gassen, in denen außer ihren Bewohnern niemand unterwegs ist.

Sentimental stimmen den progressiven Dichter nur jene naiven Zustände, die durch Mauerbeton und Stacheldraht zu sichern sind.

Künstlerische Phantasien sind beherrschbar, politische nicht. Der Künstler ist ein Mensch, der sich für das Beherrschbare entschieden hat.

Die klassische Moderne ist die Newtonsche Physik des guten Geschmacks.

Ein überentwickelter Sinn fürs Lächerliche schwächt die religiöse nicht weniger als die künstlerische Potenz: In ihrer Verfolgung der Spötter sprechen Priester und Poeten mit derselben gepreßten Stimme.

Der Mißerfolg kann einen Künstler mit dem Stolz der Verkanntheit erfüllen, mit dem Bewußtsein einer negativen Berufung. Die dann freilich nicht die kleinste Abweichung vom Pfad des Mißerfolgs erlaubt.

Wer von niemandem gelobt wird, der muß sich selber loben oder wenigstens schmähen, um für seine Schmähung gelobt zu werden.

Der moderne Durchschnitt der Kreativität ist ein gestörtes Sicherheitsgefühl. Man fühlt sich sicher nur noch in dem, was man selbst macht. Man treibt seine existentielle Verunsicherung, man treibt die Kunst sogar noch weiter und schafft ein Extrem: die so schöne wie sichere Welt. Diese kann irgendwann normal geworden sein, so daß man in ihr Wohnung nimmt und zugleich sich fragt, ob man für ihren kreativen Erhalt weiter seine Seelenruhe opfern solle. Und nicht nur die eigene, sondern mehr noch die Seelenruhe des Menschen, der einen liebt!

Ein verheirateter Dichter gehört ins tragische, ein verheirateter Philosoph ins komische Fach. Dem verheirateten Fachmann übergab man zur Plünderung die Welt.

Der spirituell feinfühlige Leser dürfte die Scholastiker zumeist den Schwärmern vorziehen, denn letztere nehmen ihm die Möglichkeit, selbst ins Schwärmen zu kommen. Ähnlich dürfte es freie Geister geben, die sich durch musikalische Improvisation befangen fühlen, durch eine vorgespielte, vorgekaute Freiheit.

Mancher hat seinem Ehrgeiz so viel geopfert, daß er nur noch im Ruhm oder in der Schande weiterleben kann.

Ein Schriftsteller, der zu schreiben aufhört, gleicht dem Theologen, der zu beten anfängt.

Anthologien versammeln nicht das Gute, sondern das Beste einer Zeit.

Man sollte nur das lesen, was man nicht vergessen darf und darum immer wieder lesen muß.

Der »Originelle« ist der Nachahmer des Geistreichen, der Geistlose der Nachahmer des »Originellen«.

AB: Wer seine Tagebücher publiziert, hat über seinen geistigen Stil das Urteil gesprochen, vielleicht sogar dann, wenn er darüber gestorben ist.

MB: Ob er vor Publikum sein Wortwasser abschlägt oder schmollmündig den Latz zuknöpft und »seine Haltung« zeigt – er bleibt eine berechnend-berechenbare Puppe.

AK: Die Tochter eines Schriftstellers, deren Phantasie so beschränkt ist, daß sie Schriftstellerin werden will ... Was würde man von einem Don Giovanni denken, der seine Tochter einem Mönchskloster überlassen hätte?

MK: Ein *Publizist?* Ein Schriftsteller, der nicht autorisiert ist!

MM: Es gibt Dichter, die den Katholizismus derart aufdringlich anschwärmen, daß man ihnen sogleich einen Scheiterhaufen errichten möchte.

Clownowski nennen ihn die einen, Klomichel die anderen. Er selbst nennt sich den Englischen Michael, mag er auch seine Flügel dort tragen, wo Engel sonst ihre Ohren haben.

Er verachtete den progressiven Mittelstrahl und verlegte sich auf regressives Nachträufeln.

Sarkastische Musik kann es ebensowenig geben wie sarkastischen Sex. Zappas Unschuld ...

Was einen schreibenden Zeitgenossen zu einem Schriftsteller macht, ist einzig die Tatsache, daß wir ihn lesen.

Unter seinesgleichen spricht ein Unternehmer nicht vom erzielten Gewinn, ein Dichter nicht vom geschriebenen Gedicht.

Seit sie es jedermann sagt, daß sie Trivialromane schreibt, glaubt sie, daß sie keine mehr schreibt.

Argumente schicken sich für einen Ästhetiker nur in Gegenwart von Menschen, die es zu strafen oder zu trösten gilt.

Sie hatte so wenig Imaginationskraft wie jede Romanautorin. Ihr Phantasiemangel bezeugte sich schon in ihrer Berufswahl: Schriftstellertochter.

Im Privatleben mag Sterilität mitunter von Rücksichtsnahme zeugen, in Literatur wie Gesellschaft kündet sie stets von erschöpfter Zeugungswut.

Der Grundirrtum aller Vornehmtuer bleibt es, im guten Geschmack eine Sache des *Was* statt des *Wie* zu sehen.

Verdienter Erfolg korrumpiert eine Seele häufiger als unverdienter.

Der Literat, der nichts zu sagen hat, spricht über Literatur, der Kritiker, der nichts zu sagen hat, über Literaten.

Ehrgeiz ist der Respekt des Talentlosen vor dem Talent.

Ehe die Ästhetik die Kunst ersetzen kann, muß sie den Geschmack ersetzt haben.

Das Barbarentum der Klassikfreunde bezeugt ihr regelmäßiger Besuch des Konzertsaals, in dem alle Arten von Klassik erklingen.

Volksmusik und Kleinkunst sind Synonyme nur, wo das Kleinbürgertum die Musik fürs Volk machen will.

Eine Berufung ergänzt nicht das Talent, doch erlöst sie von den Qualen, die es seinem Inhaber bereitet hat.

Staatliche Preiskommissionen festigen eine Konjunktur, künstlerische folgen ihr.

Zunächst will man nicht hören, daß es nichts mehr zu sagen gibt. Dann muß man es sehen.

Nach der Premiere ein Notizblockhalter: »Können Sie schon darüber sprechen?« Figuren wie er sind der Schmierstoff eines Kulturbetriebs. Gibt es jedoch keine anderen Figuren mehr, dann ist die Kultur selbst schmierig geworden.

Es kostet einen Künstler viele Jahre, zu entdecken, was er ist, es kostet einen Künstler die letzten Kräfte, um seine Entdeckung einem Publikum glaubhaft zu machen.

Die späten Epochen erfreuen sich an dem, was sie noch nicht haben, die frühen freuten sich an dem, was ihnen aufgegeben war.

Auch bei den schönsten Klängen der Gedanke: Wann sind sie verklungen, auf daß ich nicht mehr das Verklingen des Schönen ertragen muß?

Die Kunst, entlassen aus dem Dienst der Religion, benimmt sich zunächst wie jede Freigelassene: sie betrinkt sich und hält ihren Rausch für göttlich.

Religion

Nur der gottlose Künstler muß authentisch sein.

Der Glaube ist das Selbstgespräch, das nicht ohne Zuhörer auskommt.

Kunst, die durch ihren Genuß nicht an Geschmack verliert, bereitet dem Frommen ein flaues Gefühl in der Magengegend.

Der Glaube muß den Leib schmerzen, die Kunst muß die Seele erfreuen: So war die Regel. Sie gilt noch immer, wenn auch in der Umkehrung.

Dieser aufgeklärt Fromme da hat ganz recht: Das Wort Gottes ist das, was die Menschen daraus machen, und wenn sie etwas daraus gemacht haben, was brauchen sie da ein Gotteswort?

Wer nicht bereit ist, gegen die Sitten des Landes oder gegen die Normen des Geschmacks oder gegen die Regeln des Denkens zu verstoßen, der wird es in religiösen Dingen kaum zu etwas bringen. Deswegen kriechen Bildungsprotestant und Salonkatholik auf so kurzen Beinen: durch ihren Glauben, daß Religion zur Vernunft oder Moral oder Ästhetik werden könne.

Frühere Kreaturen fanden hie und da etwas zu bessern, heutige müssen sich fragen lassen, ob sie nicht selbst Ergebnis eines Verbesserungswillens seien.

Der Untergangsprophet, dem mehr als eine Generation im Glauben folgt, kann als widerlegt gelten.

Um sich in der Neuzeit als Mensch zu fühlen, genügt es, gelegentlich Launen zu haben, d. h. nicht auf ein Gefühl oder eine Idee spezialisiert zu sein.

Das Wort klingt stets falsch, wenn es die Welt richten soll.

Wenn Gott so wenige Menschen zu erhören scheint, dann vielleicht nur, weil er so vielen Menschen erlaubt, von Ihm zu sprechen.

Im Alltagsleben dient der Hochmut als Refugium, im Geistesleben als Residenz.

Weil das geschaffene Leben unerträglich scheint, erschafft man ein Bild von ihm, doch das Bild des Lebens ist bald so unerträglich wie das Leben selbst.

Der aufgeklärte Christ träumt von einem Erlöser, den er tolerieren könnte.

Wie muß man sich die Gottheit des Atheisten vorstellen? Wahrscheinlich als einen zum Mitgefühl verpflichteten Gelehrten.

Gottverlassen sind Skeptiker und Atheist gleichermaßen, doch der letztere hofft der Einsamkeit bei seinesgleichen zu entfliehen … und gründet die einschlägigen Vereine.

Die offenbarte Wahrheit überdauert ihre Offenbarung – so wie die Knochen das Fleisch, von dessen Auferstehung sie spricht.

Im bürgerlichen Weltalter löst Religion sich in die Extreme von Gefühl und Begriff, von Ritual und Dogma, zuletzt von Kunst und Wissen auf. In den Gläubigen schätzt man die Nutzlosen bei der Arbeit am Reichtum oder die Nützlichen bei der Linderung des Elends, das man erarbeitet hat.

Die Erfahrung der Banalität kann der Frömmigkeit förderlicher sein, als man gewöhnlich glaubt. »Es darf nicht sein, daß so etwas überlebt«, hörte man schon manchen Abendländer seufzen beim Anblick der Kräfte, aufgeboten zu seiner Rettung.

Ein Atheist ist Gott weder ferner noch näher als ein Gläubiger: Wer Gottes Existenz leugnen will, muß eine Vorstellung von seinem Wesen haben. Nur wer von keinem Gott gehört hat, ist auch durch kein Bild von ihm getrennt.

Der Respekt vor Menschen, der in ihnen nicht das Niedere, sondern das Andere sehen will, gewährt ihnen alle Schonung, auf die unerforschte Tiere einen Anspruch haben.

Als Adam seine ersten unsicheren Versuche im Fehltreten machte, hätte er sich wohl nicht träumen lassen, mit welcher Trittsicherheit seine Kinder ihm folgen würden.

In ihrer Unteransicht zeigt sich die Welt oft schlichter, wenn nicht reiner als in der Draufsicht. Ein Vorzug der Dämonen vor den Engeln!

Das Heil, das man in sich fühlt, läßt sich für andere nicht mehr erbitten.

Geldwirtschaft und Erlöserkirche sind eines Glaubens: an einen Himmel, der sich von der Erde aus erreichen läßt.

Das Gewissen spricht nur dann, wenn es keinen Widerspruch zu fürchten hat.

In den modernen Religionskriegen verlangt die Gottheit nicht mehr, daß man für sie töte. Sie begnügt sich mit der Bitte, daß man sie in ihrem Vernichtungswerk nicht aufhalten möge.

Vor Gott *und* Mensch zugleich demütigt sich selbst der Frömmste nicht.

Geist zerbricht an der Geistlosigkeit, Seele verstummt vor der Seelenlosigkeit.

Nur die zähflüssige Seele sichert dem Leben seine moralische Konsistenz.

Unter Gefühlsmenschen steht einem jedes Gefühl zur Verfügung.

Es wird bald kein Kartäuserkloster mehr geben, in dem man nicht zu hören bekommt, daß der Glaube eine durchaus lustvolle und lebensfrohe Sache sei.

Man kann den eigenen Kummer größer und leichter machen, wenn man ihn mit dem Elend der Welt beschwert.

Der Neid, den man gegen das Glück der Dummen hegt, ist unüberwindbar; zudem trifft er bei seinen Verursachern durchweg auf Unverständnis.

Unbegabt zur Traurigkeit – unberufen zur Gerechtigkeit!

Verzeihen können ist ein menschliches Wunder, und so kann es nicht wundernehmen, daß der Mensch hierfür mehr-als-menschliche Mächte anrufen muß.

Scham, das Wort Seele auszusprechen – Siegel ihrer unverhüllbaren Nacktheit.

Vergebenkönnen ist das Undenkbare: Das Vergeben betrifft nicht den Gedanken an die Wunde, der ja bleibt, sondern verbietet das Gefühl, verletzt zu sein.

Vor einem Atheisten, der von seinem Atheismus schweigen könnte, müßte jede Gottheit erzittern.

In den fühllosen Epochen gibt es Frömmigkeit nur dann noch, wenn jeder an seinen individuellen Schmerz glauben kann.

Der Hochmut der Frommen muß mit Demut unter den Unfrommen erkauft sein und der Hochmut der Unfrommen mit Demut unter den Frommen.

Vielleicht ist der religiöse Mensch wirklich der verkleinerte areligiöse Mensch, ob seiner Kleinheit fähig zu großen Sprüngen nach ganz oben.

In der Grabrede erreicht der Verstorbene eine Höhe, von der er als Lebender nur hätte abstürzen können, auf eben diese Erde, auf der man sich ja nun um ihn versammelt hat.

Der Gläubige, der auf den Ungläubigen nicht dünkelhaft wirkt, muß frivol sein.

Wer allen Dingen Bedeutung beizufügen versteht, der braucht keine Gottheit und genießt es ganz besonders, den Dingen eine beizufügen.

Philanthropia: rätselhafter als ihr Objekt ist ihr Subjekt.

Protestant dürfte nur heißen, wer Vernunft das nennt, was nach einer Reinigung des Verstandes übrigbleibt – nach einer Reinigung des Verstandes durch den Glauben.

Die Gottesnarren erheitern und verstören die Gottesgelehrten.

Für seine Religion läßt sich der Eiferer sogar mit der Theologie ein.

Jede Bitte nähert sich dem Gebet, wenn in ihr etwas Scham über das Erbetene ist.

Die Katholische bekennt dem priesterlichen Freund, die Evangelische beichtet den Pastorentöchtern.

Eine Säkularisierung beginnt nicht erst mit dem Abstieg religiöser Symbole zu moralischen Gefühlen, sondern bereits im Schrumpfen kollektiver Heilsgüter zu kirchlichem Hausrat.

Salonkatholizismus und Kirchentagsprotestantismus, die Eitelkeit des religiösen Geschmacks und die Einfältigkeit des guten Gewissens – es sind die Alternativen nachchristlichen Gemütslebens.

Es gibt keine moderne Religion, die sich nicht von der Verneinung eines Gegenglaubens nährte, der ebenfalls einer Verneinung entsprang.

Der Glaube, nach seinen Gründen befragt, verfällt in Grübeln, Schweigen oder Ausreden.

Offenbar gibt es unter den Geboten jeder Gottheit einige, die man nicht benennen, sondern nur befolgen kann.

Der Fanatismus des evangelischen Theologen entspricht der Sicherheit, mit der er nicht zu wissen glaubt, was man glauben kann.

Katholiken sind dem Nichtchristen darin angenehm, daß sie nicht von Christus sprechen, wenn sie vom Glauben sprechen.

Die Unverschämtheit des Neubekehrten, der uns seinen Glauben aufnötigen will, wird noch übertroffen durch den frommen Dünkel, der uns solcher Nötigungen für unwert und das Heilsgut ausschließlich zum eigenen Verzehr bestimmt hält.

Der Mensch ist unter den bekannten Affenarten jene, die vor Angst auch in ihren Höhlen schreit.

Gott stirbt an der Toleranz und Satan an der Technik des Menschen.

Der pädagogische Eros in postreligiöser Zeit: Er beschränkt sich seitens des Schülers auf das Mißtrauen gegen den Lehrer und seitens des Lehrers auf den Mißbrauch des Schülers.

Sich fehl am Platze fühlen: Dies sollte nur jenen Seelen erlaubt bleiben, die sich in die Welt geworfen fühlen und nicht jenen, die in sie eingegangen sind.

Gebete sind das Maß unserer schweren, Gedanken das unserer leeren Stunden.

In einer für Teufel eingerichteten Welt fühlt der Mensch den Widersacher nur noch in sich selbst, bis er auch da nichts mehr fühlt.

Der Gedanke an die eigene Geschöpflichkeit verstört den Menschen immer. Sei es, weil sein Leben nur Nebenprodukt einer Lust, sei es, weil sein Leben das Hauptprodukt einer kalt eingeleiteten Erregung war.

Für den Christen muß Freiheit darin bestehen, allem unterworfen zu sein, für den Bürger, sich allem unterwerfen zu können.

Der Mensch bleibt Kreatur und ist nicht sein eigen, solange er sich nicht aus eigenen Kräften zugrunde richten kann.

Seit der Allmächtige nicht mehr an uns glaubt, können wir nicht mehr an seine Vertreter glauben.

In der Vergangenheit schien die Zukunft, im Tierreich die Menschheit unschuldig.

Kein Sinn ohne Leid!

Was den Priestern von heute allen Anschein von höherer Verortung und erlaubter Weltfremdheit raubt, das ist ihr zudringlicher Eifer in Menschendingen. Die Kirche demonstriert nicht mehr, wie man das Göttliche *hinnehmen* kann. Bestenfalls einige Novizen, verborgen dem Blick der Welt, nehmen die Zudringlichkeit ihrer Patres hin.

In der Stunde einer gewissen Angst werden sogar die Theologen fromm.

Die bleibende Unterlegenheit des Christentums gegenüber dem Sokratismus stammt daher, daß ersteres gelebte, nicht beherrschte Dialektik ist, dieses Sich-klein-Machen der sündigen Seele, der doch die feiste Erlösungsgewißheit aus allen Ritzen quillt wie die Eitelkeit aus dem härenen Gewand des Antisthenes …

Der bekennende Atheist ist vom Skeptiker weiter entfernt als der schwankende Fromme.

In den Momenten der Euphorie oder des Entsetzens erfahren wir zumindest physisch, daß Leben ein Sterben ist. Aus dieser Erfahrung stammt die Rede vom Tod und vom Toten, die zum frommen Wort wurde: der Tod als etwas, das wir von uns trennen müssen, um weiter leben zu dürfen.

Physische Angst konzentriert, metaphysische Angst exzediert die Frömmigkeit.

Die Überzeugung, ungerecht behandelt worden zu sein, ist wahrscheinlich die Wurzel aller andächtigen Stimmungen. Der erste Mensch, der vor etwas auf die Knie fiel, muß dies in dem Glauben getan haben, daß jemand ihm etwas schulde.

In seinem Buch glaubte der Menschenschöpfer von sich selbst zu sprechen, nicht anders als die Menschen in ihren Büchern.

Die Angst vor dem Kommen des Weltenrichters wetteifert mit der Hoffnung auf sein Gehen.

Nicht wer die Menschen flieht, sondern wer von ihnen geflohen wird, ist der Heiligkeit ein wenig näher gekommen.

Leicht läßt sich sagen, welches die widrigste Religion ist, weniger leicht, wer so mit dem größten Recht urteilt: der Heide, der Jude, der Atheist, der Gnostiker.

Die Religionskunde hat den Religionsunterricht abgelöst, das Religionsgerücht wird die Religionskunde ablösen.

Aufrichtig dürfte man nur jene Bekenntnisse nennen, die man nicht einmal dem göttlichen Zuhörer anzuvertrauen wagte.

Die meisten Menschen verlieren an Freisinn, was sie an Einsicht gewinnen.

Ein Dankgebet, dem keine Spur von Angst beigemischt ist, kann nicht aus einer frommen Seele emporgestiegen sein.

Der Menschenfeind benötigt Menschen mehr als alles andere.

Man glaubt Christi Liebesgebot entkräftet zu haben, wenn man es eine Absurdität oder Anmaßung nennt, Liebe zu *fordern* … aber tut das Leben nicht genau dasselbe?

Wer nicht weiß, wem er danken soll, wird fromm oder verwegen.

Die frohe Botschaft verspricht eine Verwandlung, nach der man sich verwandelt wiedererkennt; daher der unerträgliche Hochmut aller Verwandelten.

Mit seiner Glaubenslosigkeit sollte man nicht prahlen, seines Glaubens sollte man sich nicht rühmen …

Die »Religion der Zukunft« wird todsicher eine Doktrin sein, die mehr Heilmittel als Verderbnisse kennt.

Was vom christlichen Liebesgebot übriggeblieben ist: das humanistische Haßverbot.

Atheismus ist jene Ungläubigkeit, die auf halbem Wege steckenblieb und Götter mit Menschenfratzen oder Menschen mit Göttergesten ausstattet.

Mit ihrem Leben verlieren die Menschen ihre Eigenschaft, Sterbliche zu sein. Daher vielleicht die unerschöpfliche Nachsicht der Unsterblichen …

Der Müßiggang ahmt Gottes Ruhetag nach, der Fleiß der Werkwoche den Eifer des Teufels.

Mehr als der Gottverlassene neigt der Gottvertrauende zur Pose, denn er weiß sich beobachtet.

Der Glaube bringt das Ende allen Ahnens, das Dogma kreuzigt den Glauben und seine Zweifel.

Souverän wird der Leidende, der seinem Widersacher treu bleibt.

Das Verehrungswürdige verdient den Kniefall, das Bewundernswerte lediglich Beifall.

Sobald man seine Dämonen nicht mehr kennt, wünscht man sich Himmel und Hölle voll von Göttern.

In einer gottleeren Welt wird alles, was dort von Gott spricht, zur Augenbinde für einen Gott jenseits der Welt.

Wo Geistliche einen Krieg einmal *nicht* absegnen wollen, etwa einen atomaren, da war es gewiß aus der Ahnung, daß der Schöpfer sich nach solchem Kehraus gar zu sehr langweilen würde.

Sei sie Laster oder Tugend – die Nachsicht bleibt in jedem Fall etwas, das Nachsicht verdient.

Religion ist das Opium der Ungebildeten, Atheismus das Opium der Gebildeten.

Leer von Göttern erscheint die Welt nur dem Menschen, den nichts in ihr beten lehrte.

Den armen Sündern gelten alle Heilungsversprechen der christlich-kapitalistischen Welt: zuerst ihrer Sündhaftigkeit, zuletzt ihrer Armut.

Der Verlust eines Glaubens hinterläßt weniger Langeweile als der Verlust eines Wissens.

Wenn ein gottloser Staat den christlichen Intellektuellen nicht Karriere machen läßt, dann beklagt der sich zuletzt beim Teufel über die Niedertracht der höheren Mächte.

Menschgeworden könnte man nur den Gott nennen, der es fertigbrächte, von seiner Schöpfung *enttäuscht* zu sein.

Der Skeptiker weiß über den Glauben, der ihm fehlt, meist besser Bescheid als der Häretiker, der ihn reinigen will.

Alle Beweise des Glaubens erschöpfen sich in der Demonstration, daß er kein Wissen sei.

Sobald Ironie eine Seele ganz und gar von Meinungen freihalten kann, versagen dieser Seele die Kräfte gegenüber dem erstbesten, sie rasch besetzenden Glauben.

Stoizismus oder: das systematische Ausweichen vor der Selbstverachtung.

Die Verkündigung einer Lehre berauscht stärker als ihre Verwahrung. Deshalb gibt es stets mehr Prediger als Priester.

Man erträgt eher den Anblick eines Göttergewimmels als den eines einzigen Gottes, man bewahrt leichter den Glauben an einen einzigen Gott als den an ein Göttergewimmel.

Das schwache Geschöpf kann sich nur vom schwachen Schöpfer verstanden fühlen.

Warum ein Dogma bemühen, wenn schon ein Zahnschmerz uns in »den anderen Zustand« katapultiert?

Wenn man das Böse überrascht, ist es die reine Unschuld.

Der Mensch, der die Ungesundheit der Laster erkannte, ist der Mensch, der keinen Teufel mehr kümmert.

Um sich mißverstanden zu fühlen, genügt es, sich selbst gut zu verstehen.

Eine gottverlassene Zivilisation schrecken am meisten räuberische Nomaden, die selbst vom Teufel verlassen scheinen.

Falsche Revolte ist häufiger als falsche Resignation.

Wer das Leiden abschaffen will, erschafft Selbstbetrüger, wer die Sünde abschaffen will, erschafft Selbstmörder.

Wo man Gebete lehrt, muß man auch Nöte lehren.

Der Glaube fesselt die Seele, seine Geschichte verstrickt sie.

Hoffnung blüht nur dort, wo Fülle der Not oder Fülle der Zeit ist.

Manche Erlöser haben einen allzu zu vertrauten Umgang mit der Gottheit, als daß sie deren Gläubigen noch überraschende Mitteilungen über jene machen könnten.

Dem religiös Unbefangenen kann »heilig« nur eine Eigenschaft jener Kühe bedeuten, zu denen ihn seit je sein Appetit hintreibt.

Die Schwäche eines Schöpfers zeigt sich darin, daß er den Schwächen seines Geschöpfes nicht gerecht werden kann und es wohl oder übel begnadigen muß.

Was den Erschöpften erst am siebten Tag befiel, die Freude über seine Schöpfung, das gibt er seinen Geschöpfen als das erste Gebot des Glaubens an ihn auf.

Der Gerechte, der seiner Sache sicher werden will, muß auf die monotonen Schmähungen seiner Widersacher hoffen.

Die systematische Theologie ist ein Kodex von Sehnsüchten, wie sie sich an jedem gut aufgeräumten Schreibtisch einstellen.

Statt an die Launen der Götter glaubt der Mensch der Neuzeit an die eigene Tüchtigkeit – an die Launen eines Körpers also, einer Seele …

Der Sohn eines Lehrers ist der Spott seiner Mitschüler, der Sohn eines Gottes wird der Spott seiner Mitmenschen.

Das Leben wäre eine Barbarei, wenn es einen objektiven, und eine Narretei, wenn es einen subjektiven Sinn hätte.

Nur in einem gleicht die Theologie der Religion: Sie wird rasch langweilig, wenn sie nicht mehr vom Teufel spricht.

Der Glaube an einen empfindsamen Gott, den unser Gebet rührt, ist der Glaube an einen Fernsten, den rühren kann, was bereits unser Nächster kaum empfindet.

Helden, Priester und Mörder haben den festen Blick.

Der Stolz der Leidenden scheint eher darin zu bestehen, andere Leidende von der Größe des eigenen Schmerzes zu berichten denn ihnen Trost zu bieten. Doch könnte genau dieser Bericht tröstlich sein …

In allem einen Sinn zu finden, bildet den Ehrgeiz des Gläubigen, allem den Sinn zu bestreiten die Eitelkeit des Gottlosen.

Der Fanatiker ist ein Mensch, der sich nach dem Besitz von Macht verzehrt, er ist der Ohnmächtige schlechthin.

Man sollte nur das lieben, wogegen man sich nicht wehren kann.

Der Bekehrte fühlt sich erst dann richtig am Leben, wenn er alle anderen ins falsche verstrickt sieht.

Gewisse Obskurantismen der Aufklärung verwundern weniger, wenn man sich daran erinnert, daß sie in Salons erdacht wurden – in erleuchteten Höhlen.

Der Glaubenstrunkene, der seinen Glauben nicht ausgießen kann, muß ihn selbst austrinken; er endet gottbesoffen.

Um sich guten Gewissens empören zu können, hätte der Gewissenhafte, dessen Geist einstmals Gott tötete, mittlerweile selbst einen Gott nötig.

Unters arbeitende Volk gehen, um ein paar Monate die Schwerkraft bloßen Seins zu spüren: diese Komödie, die eine magersüchtige Mystikerin vor sich selbst spielte, spielt heute jeder Praktikant vor seinem künftigen Brotherrn.

Der Salonkatholik verrät nicht die dogmatische Substanz, sondern das heidnische Erbe in seiner Kirche. Mit Grund erblaßt er vor einer hörbaren Blähung mehr als vor einer Blasphemie.

Fortschritte in der Religion wie in der Erotik hat man erst dann gemacht, wenn man die Kirchen und die Frauen scheut – nicht aus Angst, betrogen zu werden, sondern aus Sorge, sich selbst zu betrügen.

Der verhärtete Mensch nennt den gefühlvollen sentimental: Sentimentalität ist das einzige, was ihm selbst von Gefühlen blieb.

Religiosität beginnt dort, wo Moralität nichts mehr gilt – daher der Dünkel und die Demut aller wahrhaft Frommen.

Das Paradies bleibt ein fruchtbarer Ort, da es immerfort Menschen aus sich entläßt.

Nur der Einsame stirbt ganz und gar, nur der Einsame muß Todesangst kennen, nur der Einsame kann von sich sagen, daß er ganz und gar ein Lebendiger war.

Die verkrachten Poeten machen die Revolutionen, die verhinderten Revolutionäre machen die Religionen.

Als »Werk des Menschen« sollte nur das gelten dürfen, was der Mensch auch wieder spurlos vernichten kann.

Die Verneinung dieser Welt, die eine Welt des Fortschritts ist, bedeutet nicht mehr denn einen Fortschritt im Stillstand, denn Fortschritt ist das Prinzip der Weltverneinung.

Das göttliche Wesen sollte ausschließen können, daß es sich je zum Dasein herablassen müßte …

Was man an der Empörung frommer Menschen über die Sünden unfrommer Menschen am meisten vermißt, ist ein Unterton von Enttäuschung.

Unter den kirchlichen Ausgeburten jener Gottheit herumirren und doch nie auf einen Christen treffen, dessen Güte als Ausfluß seines Christentums erschienen wäre …

In den Sekten der Erwählten hält man die Ungleichheit der Menschen für unmenschlich.

Wer anderen den Glauben abspricht, hat auch den Glauben an sie verloren.

Nur die Freude kennt keine Hierarchien.

Mit Berichten von den kleinen Katastrophen sagt man dem Apokalyptiker nichts Neues. Was ihn in Wut versetzt, ist jedoch, daß sein Bericht von der kommenden Katastrophe für keinen Lebenden eine Neuigkeit ist.

Ganz frei wird sich nur der Mensch fühlen, der einsam denken kann und einsam beten muß.

Wer am Leben leidet, hat von ihm zweifellos mehr verstanden, als wer es sich mit frommem Eifer vom Leibe hält.

Die Aussicht für den Menschengläubigen der Gegenwart: verscharrt werden wie ein Hund bei esoterischer Katzenmusik …

Nichts muß der Hochmut des Welterlösers mehr fürchten als die Gefahr, sich durch Ausplaudern des Welterlösungsrezeptes selbst unheilbar aufzulösen.

Was der Katholizismus den Westelbiern ab Rosenmontag, ist er den Ostelbiern das ganze Jahr: ein Kostümfest.

Ein Gott stirbt nicht erst, wenn eine Kirche ihm einen Namen und ein Haus gibt, sondern schon, wenn ein einziger Gläubiger sich seines Glaubens *gewiß* zu sein meint.

Was tut ein gläubiger Mensch, der nicht betet? Er wendet sich dem Antlitz seines Nächsten zu und meint, nicht verstört sein zu müssen.

Niemand ist stolzer auf seine Ideen als der, der sich durch sie nicht bloß begeistert, sondern auch beseelt glaubt.

Ein rachsüchtiger Gott könnte zudringliche Verehrer zumindest auf diese Weise strafen: durch Erfüllung all ihrer Hoffnungen.

Die Wahrheit gewisser Konfessionen wird offenbar, wenn man ihren Irrtümern konsequent folgt, etwa in den Ideen von Schwäche, Sünde, Gnade, Schuld etc. Zweifellos hat Pascal es hierbei am weitesten gebracht.

Noch mehr als menschliche Eitelkeit dürfte sich in dem Religionsstifter, der sich seines Gottes voll fühlt, die Eitelkeit eines Gottes zeigen, der sich für seinen Erdenauftritt ins menschliche Gefäß zwängte.

Ein elendes Leben zu beenden, welches aus sich selbst kein Ende findet – das heißt die Schuld des Gottes auf sich zu laden, der dieses Leben elend geschaffen hat.

Menschheitsglaube: Jene eine, einzige Konfession, bei der die Orthodoxen wie die Häretiker uns verstören ...

Der Christ trennt sich von seinem Gott, indem er dessen Handeln gegen die Menschen nachahmt: Er macht sein Handeln nicht vom Handeln der Menschen gegen ihn abhängig.

Niemand erreicht Himmelshöhen, der nicht in vergeblichem Wüten gegen die Welt seine eigene Schwere erfahren hat.

Wer sich für »die Menschen« interessieren kann, noch bevor er einem einzigen davon begegnet ist, steht direkt vor einer seelischen Verwirrung oder vor der Stiftung einer Religion.

Das leiseste Gemurmel des Gebets tönt lauter als das Wort dessen, der es erhört, je tönen könnte.

Was dem stolzen Menschen die Annahme eines Glaubens so schwer macht, ist das Eingeständnis, mit ungezählten anderen an derselben Krankheit zu leiden.

In manchen Gotteshäusern meint man das Göttliche noch zu spüren – gewiß ob seines Unvermögens, aus diesen Häusern zu entweichen.

Theologisch denken heißt den Menschen um seine Gegenwart bringen, heißt ihn auf seine Sünde und seine Erlösung lenken. Nichts brächte einen Theologen so sehr in Verlegenheit wie die Gegenwart eines Gottes.

Man darf vermuten, daß der Glaubensstifter, der sein Antlitz einem Gott zugewandt hält, keinen Gedanken mehr für seine Gläubigen übrig hat.

Die Sorge um die Zukunft nährt täglich die bürgerliche Neurose. Mit anderen Worten: Der Apokalyptiker ist der Mensch, der die Krankheit des Bürgers bis ans Ende durchleiden will.

Das einzige, was einen für den alten Gott einnehmen könnte, ist das Gähnen, das ihn angesichts diverser Schöpfungspfleger und -besserer wohl befallen hätte.

Wen haßt der moderne *Geisterfüllte* am meisten? Berufskünstler und Berufswissenschaftler, also allen Geist, der ohne Aussicht auf Erfüllung arbeitet – und das unaufhörlich. Der *Geistreiche* verachtet den Arbeitsgeist bloß, er erkennt in ihm eine Vulgärgestalt der Frömmigkeit.

In einer Welt, deren Statik von ganz oben garantiert war, durfte man hoffnungsfroh an eine andere Welt denken. In einer Zeit jedoch, die einem alle möglichen Hoffnungen auf eine andere Zeit macht, erfährt man an sich selbst nichts weiter als den Verfall des Körpers, der einer gewissen Zukunft nicht mehr beiwohnen wird.

In der Götzendienerei folgt auf das Erbarmungswürdige zuverlässig das Erbärmliche.

Katholisch sollte jede Konfession heißen dürfen, die durch ihren Stifter in Verlegenheit zu bringen ist.

Häretiker, Ketzer etc.: Allzeit begeistert die Jugend sich für die unfreiwilligen Opfer, die erfolgosen Verfolger, die unterlegenen Fanatiker … die gleich Lämmern geschlachteten Wölfe.

Die Präzision einer Prophetie besteht in der Pauschalität der Geste, womit der Prophet allen, die ihm nicht glaubten, die Vernichtung in Aussicht stellt.

Für jeden Schöpfer, ob menschlich, ob göttlich, kommt der Sonntag, an dem er die Beweggründe seines Tuns erkennt. Göttlich bleibt es, nach solcher Erkenntnis am nächsten Montag keinen Finger mehr krumm zu machen.

Der schwache wie der schöpferische Mensch erschafft sich eine Gottheit, der erschöpfte wie der starke Mensch ist nicht mehr fähig, ihr die Existenz zu sichern.

Dem Nächsten, dem unsere Liebe gelten soll, stehen wir wahrscheinlich nicht näher als dem Kranken oder Bekümmerten, der wir selbst einst waren.

Die Behauptung der Frommen, es gäbe ein Wesen, das grundlos Gutes vollbringe, ist zunächst ein Affront gegen alles, was von der göttlich geschaffenen Ordnung zu sehen ist.

Wer durchaus ein »selbstbestimmtes« Leben führen will, der sollte sich auf die Einrichtung einer persönlichen Hölle beschränken, statt seine Mitmenschen mit dem Versprechen eines persönlichen Paradieses zu verwirren.

Der verzweifelte Wunsch, wieder glauben zu können, führt nicht selten zu dem vergeblichen Bemühen, sich über die christlichen Dogmen zu ärgern.

Wenn man sich über niemanden mehr entrüsten kann, hat man jene Freiheit erlangt, in der man zu jedem oder zu keinem Humanismus mehr fähig ist.

Um überzeugt zu sein, daß eine Sache schön oder gut oder heilig sei, genügt dem Philister der Eindruck, daß sie zu nichts anderem zu gebrauchen sei.

Die Unverschämtheit eines Gläubigen offenbart nie sein Glaubensgegenstand, sondern seine Glaubensgründe.

Wodurch soll sich Frömmigkeit in dieser Zeit erweisen, wenn nicht dadurch, daß man an der richtigen Krankheit leide, einer heilbaren?

Der einbekannte Glaube demütigt das angelernte Bekenntnis.

Der Versuch, anderen gegenüber aufrichtig zu sein, ehe man es sich selbst gegenüber war, endet in der Heuchelei.

Wortreicher Zweifel an einem Glauben zeigt oft das Mitleid des Glaubenslosen.

Manche Menschen müssen nur von ihrem »spirituellen Bedürfnis« sprechen, damit man weiß, daß ihnen schon mit einem Kaufhaus- oder Kirchentagsbesuch geholfen wäre.

Wer keine Gefühle heucheln kann, kann auch keine Gefühle haben, wer nicht gläubig tun kann, kann auch nicht gläubig sein.

Ein Glaube, der weder auf die Armut noch auf den Reichtum angewiesen sein wollte, wäre nichts als vernünftig.

In einer Religion, die auf sich hält, ist der Glaubensstifter der einzige, dessen Unglaube unbemerkt und unbestraft bleibt.

Um zwei, drei Gottheiten von ihm getrennt, könnte man den Christen respektieren.

Am Atheisten ist immer etwas Unwahres, weil er gegen einen nicht-existierenden Gott ebenso heftig zeugen will wie der Theist für einen existierenden. Der wahre Atheismus bestünde darin, die Existenz Gottes nicht zu bestreiten und den existierenden Gott seinem Verfall zu überlassen. Der wahre Atheismus wäre die Gnosis.

Glauben verdienen nur jene Propheten, die nicht Warner vor dem Unheil, sondern seine Vorboten sind.

Seit dieser Unselige glaubt, daß die Gottheit den Menschen ähnele, schweigt er sie ebenso entschlossen an wie jene.

Wenn man einmal das Seufzen des Schöpfers gehört hat, dann erträgt man es nicht mehr aus den Mäulern und Mündern der Geschöpfe.

Die alltägliche Frömmigkeit berücksichtigt stets die Empfindlichkeiten einer Gottheit, die mangels Mehrzahl und Stellvertretern bei allem dabei sein muß.

Der Hochmut des Gerechten wird nur übertroffen vom Hochmut dessen, der unter dem Glauben des Gerechten leiden darf.

Der Geschäftsmann ist immer Gnostiker – für ihn ist Gott der Unbrauchbare schlechthin.

Inspiriert sind nur jene seltenen Augenblicke zu nennen, da die Anzahl der Erlösungsangebote nicht die Anzahl der Erlösungsbedürftigen übersteigt.

Der Haß auf den reinen Verstand ist die Offenbarung einer Vernunft, die keine Botschaft vernimmt.

Die Einfalt der einen, die heute den Glauben für widerlegenswert halten, wird nur übertroffen von dem Dünkel der anderen, die sich neuerdings wieder für gläubig halten.

Gleiches mit Gleichem vergelten: Eine Fähigkeit muß ihrer natürlichen Herkunft schon recht weit entfremdet sein, um in den Rang eines moralischen Gebotes aufsteigen zu können.

Der Glaubenslose ist wahrscheinlich der Mensch, der das, wovon die Gläubigen ein Leben lang nur aus Predigten und Gebetsbüchern erfahren, einen Moment von Angesicht zu Angesicht gesehen hat.

Die moderne Religion löst das Rätsel der Inkarnation des Wahren im Wirklichen auf wissenschaftliche Weise: durch Parteinahme für die Wahrheit.

Was Romantiker an Aufklärern bespötteln und vielleicht beneiden, ist das unbedachte Leben, das deren Gefühle genießen.

Am innigsten bereut man die bösen Taten, deren gute Stunde man verstreichen ließ.

Für die schwachen Seelen ist der Wille zu verletzen oft der einzige Weg zur Aufrichtigkeit.

Die Arbeit ist auch in der Neuzeit ein Fluch, doch der arbeitsfromme Protestant glaubt, durch Selbstverfluchung die göttliche Gnade herabzwingen zu können.

Von der Erlösung, die einem Heutigen möglich ist, gibt eher das Requiem Faurés eine Ahnung als dasjenige Mozarts: Klang einer Welt, die von allem entleert ist, was an ihre Erschaffung erinnern könnte.

Der Wunsch des einmal Geborenen, für immer – wenn auch verwandelt – zu dauern, ist nicht vermessener als der Glaube, der, einmal verkündigt, für immer in der Welt bleiben will.

Die Möglichkeit, in den eigenen vier Wänden jederzeit Musik zu hören, ist vielleicht der solideste Schutz gegen religiöse Anwandlungen und ihre ästhetischen Risiken.

Es ist Fluch und Segen einer wirklichkeitsfrommen Welt, daß sie zum Glauben genauso unfähig bleibt wie zum Unglauben.

Könnte man das Leben doch mit der Kraft eines Katholiken hassen, der auf dessen Gottgewolltheit vertraut ...

Sobald man sich von allen Menschen verlassen glaubt, kann man nur noch auf einen Gott hoffen, der alle Welt verlassen wird.

Scheint *der Mensch* nicht mehr so liebenswürdig wie man selbst, reicht kein Narzißmus mehr hin, um *die Welt* zu lieben.

Die Gleichgültigkeit, in der wir aus der befriedigten Leidenschaft erwachen, macht uns endlich fähig, den Menschen als solchen zu lieben.

Dem Christentum war das Mitleid niemals ganz geheuer, zu Recht: Man kommt vom Mitleid schneller zum Selbstmitleid als zur Gottesfurcht. Und ein weltdurchdringender Schmerz könnte den Schrei zum Himmel ersticken.

Das Gefühl, daß ein Glaube unwiderruflich Vergangenheit geworden sei, verrät sich in der albernen Frage, was sein Stifter heute wohl tun und raten würde.

Eine Lehre, die den Menschen immerfort auf die Zukunft verweist, hat zuletzt auch ihre eigene Gegenwart verspielt und muß auf kommende Konjunktur hoffen.

Das Selbstverständliche hat nur dann Aussicht auf unsere Achtung, wenn es beim kleinsten Wirklichkeitsanhauch seine Farbe wechselt.

Um nicht unnötig für die Wahrheit zu leiden, müßte man sie, wo man schon von ihr schweigen muß, zugleich vergessen können.

Wunder vollbringt nur ein Gott, der seinem Volk unerkannt bleibt, so wie Liebesbeweise nur zwischen Menschen nötig sind, die sich fremd blieben.

Die Gemeinschaft der Menschen ruht auf einem gemeinsam begangenen Mord. Nicht anders die christliche Gemeinschaft. Die ersten Christen freilich durften sich erwählt fühlen, hatte doch jemand an ihrer Stelle getötet.

Ob Triumph- oder Elendszeit der Kirche, ein Heiliger kann nur außerhalb der Kirche gedeihen: In ihrem Schoße würde das Bewußtsein seiner Heiligkeit sie sofort zunichte machen.

Unsterblich sind die Menschen, die einem das Heil bringen wollen und deren mörderischem Wohlwollen man nicht entgeht, indem man auf das Heil verzichtet, sondern indem man es selbst zu bringen sucht.

Die Heiligkeit geht aus einer Empörung gegen die Welt hervor, die Weisheit aus einer Ernüchterung an der Heiligkeit.

Stolz wird ein Mensch allein dadurch, daß Gott ihn dauerhaft verlassen hat und nicht dadurch, daß er gelegentlich Gott verläßt.

Was eine Erneuerung der Religion wahrscheinlich macht, ist die wachsende Bereitschaft, seinen Nächsten ans Kreuz zu schlagen. Kommt die Bereitschaft auch nur eines Menschen hinzu, sich selbst ans Kreuz schlagen zu lassen, wird die Wahrscheinlichkeit zur Wirklichkeit.

In einer redseligen Zeit bleibt der Religiosität nur eine Ausdrucksform: Schweigen. Nicht bloß vom Glauben, sondern auch von allem anderen.

Der Sinn des Opfers vergeht, das Sterben der Opfer besteht.

Von der Religion des Kreuzes hat sich erst der erlöst, der ohne Aussicht auf Erlösung seine eigene Kreuzigung anstrebt.

In der größeren Leidenschaft lernt man die Liebe Gottes, in der geringeren seinen Sohn kennen.

Christ ist der Mensch, der für Christus leidet, Christus war der Mensch, der für Gott leiden wollte und nach dem Christen leiden mußten.

Der Monotheist schafft sich einen Gegner nach seinem Bilde: Der Atheist ist ein Bekenner gleichwie ein öffentlicher Verrichter seines Bedürfnisses in der Bekanntmachung, daß er keines habe. Der Atheist mit seinem Glauben, daß kein Gott sei, kommt unmittelbar nach dem Bekenner, daß nur einer Gott sei.

Das mit dem bürgerlichen Behagen vereinbare Christentum beleidigt den intellektuellen oder den ästhetischen Geschmack, doch niemals beide zugleich: Barth oder Scheler heißen die unvereinbaren Reaktionen aufs Kulturchristentum.

Wenn etwas die Bluts- und Giftverwandtschaft von Marxismus und Thomismus zeigt, dann ihr Haß gegen den Skeptiker – gegen den Menschen, der seine Zweifel niemals zu einem Bekenntnis erniedrigen würde.

Mangel begründet eine Religion, Wohlstand erhält sie als Institution, Luxus erniedrigt sie zur Konfession.

Einem Bekenner niemals widersprechen! Das Bekenntnis schuf die verbale Wüste, die man mit keinem Wort mehr bepflanzen kann.

Die spirituelle Inbrunst der bürgerlichen Welt drängt auf Zurschaustellung alles dessen, was nicht fürs Zuschauen gemacht ist. Die Psychoanalytiker sind hier die Priester und die einsamen Konsumenten von Pornofilmen die Gemeinde.

Verzicht auf Missionierung – einzige noble Geste, die einer Welt-Religion möglich ist.

Steht der Arme vor einem verschlossenen Haus, glaubt er allzu gern, ihm fehle zum Reichtum nichts als der Schlüssel.

Glauben oder: nicht wissen, was man denkt.

Könnte ein heiliges Buch wirklich erscheinen, dann wäre es entweder der Schein, der vom Heiligen ausgeht, oder die Erscheinung, die sein Wesen verhüllt.

Das Niederträchtige kommt in die Welt und verläßt sie nicht mehr. Wenn auch nicht ungeboren, so ist es doch unsterblich wie eine gewisse Kirche.

Man lernt zu beten, wenn einen die Menschen und oft auch Gott verlassen haben, man lernt es nicht, wenn man Gott und Menschen dafür verlassen hat.

Das Furchtbare von gestern ist das Erhabene von heute und das Lächerliche von morgen.

Es lebt sich leichter mit einer Wahrheit, wenn nur einer sie verkünden darf.

Ein begründeter Glaube ist so hinfällig wie eine begründete Liebe oder gar begründete Hoffnungen.

Nur in einer egalitären Gesellschaft kann man zum Individuum werden. In einer libertären muß man sich dem je herrschenden Individualismus beugen.

Der Hochmut des Demütigen besteht meist darin, daß er erst durch den Anblick eines noch Demütigeren und nicht schon durch den eines Hochmütigen zu dem geworden ist, was er jetzt zu sein glaubt.

Wenn die Gläubigen ihren Gott allmächtig nennen, dann sicherlich nicht, weil er bislang jeden seiner Fehler überlebt hat.

Die Pragmatiker wollen Zeus oder Ares gleichen, die Schwärmer einfach nur Gott.

Kein Wechsel des wahren Glaubens, bei dem nicht der gute Geschmack verletzt worden wäre.

Der Christ deutet die schlechten Manieren des Geistes als bewiesene Inbrunst der Seele – die sich hierfür freilich zu entleiben hatte.

Solange er einen Peiniger über sich wußte, der ihm seinen Wert garantierte, hatte der Mensch kein »Selbstwertgefühl« nötig.

Was man gelehrt hat, läßt weniger Zweifel zu als das, was man gelernt hat.

Der christliche Gott war offenbar nicht fähig zu einer Verwandlung, die jedem Dämon gelingt: unerkannt unter Menschen zu gehen, ohne dadurch das Leben einzubüßen.

Wie kann man an einen göttlichen Gärtner glauben, der Gewürm wie seine Gläubigen schont?

Tritt zum Propheten ein zweiter, so kann ihr Streit sich nur noch um die Anzahl der Tage drehen, die vom Ende der Welt trennen.

Die negativen Naturen leben aus dem Positiven, die anderen leben nur so dahin …

Ekstase, das ist die Gelassenheit dank Engagement.

Der Künstler verwertet sein Leiden, der in Religion machende Künstler wünscht sich Leiden, auf daß er etwas zu verwerten habe.

Ein Weg zum Glauben: die Welt so gräßlich finden, daß sie nur als Werk eines bösen Geistes erklärlich ist.

Die Krankheit vereint, das Martyrium vereinzelt. Darum kränkt den religiösen Einzelgänger nichts so sehr wie die Zumutung, mit Hinz und Kunz am selben Kreuz zu hängen.

Provozierender Stolz der Desillusionierten – der am lebendigen Seelenleibe Operierten …

Wer auch nur *ein* Wort von Menschheitserlösung spricht, während er unterm eigenen Kummer ächzt, dünstet die ganze Vulgarität des Missionars aus.

Der Glaube verhüllt, der Zweifel entblößt eine Seele.

Durch Stolz auf uns selbst entfremden wir uns den Menschen, durch eine Niedertracht fühlen wir uns sogleich in ihrer Mitte.

Die Urtat der Gottesgelehrtheit ist die Erfindung einer menschenleeren Welt.

Jemand, der nicht wählen geht, weil die Angebote der Parteien von unvergleichlicher Großartigkeit sind; jemand, der sich nicht taufen läßt, weil die Versprechungen der Kirchen nur im universellen Verzicht auf Einlösung ihre partikulare Wahrheit behalten …

Eine Gesellschaft, in der man alles hat und nichts braucht, wird Götter haben wollen, die man brauchen könnte.

Der Hochmut des Gläubigen zeigt sich nicht in der Bitte, sei sie auch noch so vermessen, sondern im Dank: Ihm allein also gewährte die höhere Macht, was sie anderen vorenthielt! Jedes Tischgebet trieft von Hoffart.

In einer gottleeren Welt kann man nur noch Veganer sein: Es fehlt der Allmächtige, der einem das Blutvergießen gebieten oder erlauben oder verzeihen könnte.

Am meisten bewundert man *den* Glauben, der einem selbst die Gewißheit des Unmöglichen wäre. An Hegel imponiert heute das philosophische Ingenium so wenig wie an Goethe das poetische. Wovor man niederkniet, ist vielmehr Goethes wie Hegels *Glaube*, dieser Glaube an die Synthese – die Vereinbarkeit von Schauen und Schaffen, Kraft und Gestalt.

Die Angst vor der Zukunft verdrängt die Angst vor der Gegenwart.

Was in der Religion an Geist ist, kommt aus der Angst. Kein schmeichelhaftes Zeugnis für die furchtlos Irreligiösen.

Ein Andächtiger – das ist ein Mensch, der durch Furcht zum Gedanken findet.

Die Reinheit des Morgenlichts: vielleicht weil noch nicht alle Augen erwacht, nicht alle Blicke geschärft sind für den erleuchteten Schmutz.

Fürs Paradies dürfte niemand schlechter geeignet sein als Leute, die man Sehnsucht danach gelehrt hat.

Kaum noch ein Tier auf Erden, das der Umgang mit den Menschen nicht ermüdet hätte.

Eine von Gott enttäuschte Menschheit wird auch nicht lange seinem Widersacher anhängen: niemand vertraut auf eine Macht, die ihr Entstehen selbst nur einem Fehlgriff, einem bösen Willen oder einer langen Weile verdankt.

In der Gegenwart ist Anbetung inzwischen vollständig durch Erinnerung ersetzt. Man betet zu einer unvergänglichen Vergangenheit.

Die religiöse Indolenz in allen Tempeln ersieht man heute schon daraus, daß die Gläubigen dort sich von ihresgleichen nicht gestört fühlen.

Auch ein religiös Unempfindlicher erteilt ungern jemandem Absolution, der das Wort »absolut« allzu unbefangen im Munde führt.

Auf Augenhöhe mit der modernen Welt würde erst ein Himmelsstatthalter verkehren, der vor Betreten seines Reiseflugzeugs alle metallischen Gegenstände abzulegen hätte.

Der Neugläubige macht einen Diener vor Gott, damit er vor Altgläubigen den Herrn spielen kann.

Pessimistische Glaubenslehren machen das Leben, optimistische Glaubenslehren das Sterben erträglich. Und realistische? Lassen einen das Dasein von Gläubigen ertragen!

Der Fanatismus weiß, wie man glauben, der Progressismus, wie man hoffen, der Veganismus, wie man leben soll.

FS: ein Dummkopf, aber von der gutwilligen Sorte – die ihre ganze Intelligenz daran setzt, zum Wohle der Menschheit wirkungslos zu bleiben.

Völker mit intakter »spiritueller Substanz« mußten das Automobil, das Telefon, das Fernsehen etc. nicht fürchten – stets nur ein Fetisch mehr, den ihr Glaube ohne weiteres beseelt! Der heutige Okzidentale dagegen muß sich einreden können, es seien materielle Mittel des Lebens, dessen spiritueller Zweck davon unberührt bleibe. Das Ende solcher Einrede: ein Pontifex, der im Flugzeug reist.

ED: Erregung als intellektuelles Treibmittel, Erregung in den Rang einer theologischen Entdeckung erhoben. Man muß wahrhaftig in einer »Empörungskultur« geistig aufgewachsen und seelisch erstarrt sein, um sich als katholischer Theologe über die Infamien der katholischen Kirche erregen zu können.

Zu den Vorzügen des Kommunismus gehört es, daß er keine Illusionen über sich zuläßt. Er ist ganz auf die Phantasie derer angewiesen, die ihm Realität verschaffen wollen. Der Katholizismus hingegen entlastet die private Phantasie. Fast könnte man bezweifeln, daß es katholische Künstler gegeben habe.

Wenn man liest, was matt erleuchtete Gottsucher wie Mosebach, Lewitscharoff etc. an Transzendenzglühen alles gefunden haben wollen, dann erinnert man sich an das Wort aus *L'idiot de famille*: »Jede Epoche hat die Intellektuellen, die sie verdient.«

Im achtzehnten Jahrhundert verglichen wackere Aufklärer den Sokrates mit dem Gekreuzigten, um den einen am Ruhm des anderen teilhaben zu lassen. Ein Vierteljahrtausend später würden es höchstens noch Freizeittheologen wagen, der ungeheuren Gegenwart des Buddhismus die christliche Erinnerung gegenüberzustellen.

Der wahre Respekt vor der Ikone ist unfreiwillig: Stalin zerstörte die Kirchen, ließ aber das Bild der Muttergottes kommen und im Flugzeug dreimal ums belagerte Moskau kreisen.

Kann sich jemand einen gekreuzigten Buddha vorstellen? Vielleicht. Doch könnte dann niemand begreifen, wozu er die Kreuzigung benötigt haben sollte.

Der Erlöste ist nicht der Mensch, den die Laster bedrohten, sondern den sie ermüdeten.

Wen der Zustand seiner Kirche bekümmert, den bekümmert mehr als der Zustand seiner Kirche.

Sicheres Zeugnis einer spirituellen Neurose: Jemand behauptet, seine Gesundheit zu spüren.

Wie es um den Gott bestellt ist, dessen Wort man verkündet, hört man dem winzigsten Bibelzitat an: kein Rezitator, der es nicht entweder im Tonfall der Apologie oder in dem des Affronts vorzutragen wagte.

Wer sich ohnmächtig fühlt, kann nicht gerecht sein, er muß an den Mächtigen glauben, der ihm Gerechtigkeit verschafft. Anders ausgedrückt: Der Ohnmächtige hat, durch seinen Glauben an die Macht, das Recht auf Gerechtigkeit verwirkt.

Das Renommee des christlichen Begräbnisses ist bereits gemindert, wenn man den Verstorbenen nicht so recht bedauern kann. Es wird vollständig verschwunden sein, wenn man all sein Mitgefühl an den Schmerz der Hinterbliebenen wendet.

Es gibt das feiste Grinsen des Frischbekehrten, doch findet sich in den Landschaften der Liebesreligion auch eine Spur von Freude? Vielleicht im göttlichen Gelächter, das im Schmerz der Kreatur zittert …

Mehr denn an einen Aufhellenden muß man an einen Aufdringlichen denken, wo sich jemand einen Aufklärer nennt.

Skepsis beim Tier? Vielleicht momentan vor der allzu leichten Beute. Glauben beim Tier? Sein verständnisloser Blick, wenn es in der Falle sitzt.

Einsam scheint durch Gottes Tod einzig der Atheist geworden zu sein, den es sogleich ins atheistische Rudel drängt.

Die praktische Nächstenliebe scheitert an der theoretischen Menschenliebe.

»Niemand kann wissen, ob er gläubig ist oder nicht.« (Cioran, *Gedankendämmerung)* Ein Satz, den man einem jeden Theologen hinters taube Ohr schreiben müßte …

Der *eine* Gott? Er frommt einzig noch dem Dichter, der an ein anderes Publikum als seine Leser glaubt.

Am ehesten ähneln Glaube und Zweifel einander in der Rücksichtslosigkeit gegen ihr Objekt. Der Wissende ist nicht grausam. Man sieht das an denen, die es sich in einem Scheinwissen bequem gemacht haben.

In seiner Erwartung, daß Leidende ihm nichts verschweigen würden, steht der Medizinmann in direkter Nachfolge des Schmerzensmanns.

»Ich glaube an gar nichts mehr.« Man würde es ihm gern glauben, hätte er nicht davon gesprochen.

Mancher eilt von Glauben zu Glauben und gilt deshalb als irre. Man vergleiche damit aber den Irrweg des Menschen, der in einem Glauben sein Grab, in einem Grab seine Ruhe gefunden hat!

Ein Mystiker – das ist jemand, der sich von den Menschen verlassen finden kann, ohne Gott daran die Schuld geben zu müssen.

Zum Denken bringt ein Glaube es nicht, wenn man ihm als einziger anhängt, sondern wenn man glauben will, was alle glauben. Die Angst vor dem Schisma, die Entscheidung für die Einfalt erzeugen jenes edle Unbehagen, das zur Denkerziehung und Selbsterfahrung des Geistes wird.

Der Allmächtige begegnet einem spätestens dann, wenn man sich nur noch um die eigenen Nöte gekümmert und dabei die Macht anderer Notleidender erfahren hat.

Verdachtszeichen intellektuellen gleichwie spirituellen Spießertums: nach dem metaphysisch Grenzenlosen in den Grenzen eines Freundeskreises streben.

Unmöglich, mit dem angebeteten Menschen zu verschmelzen! Das ist die gemeinsame Einsicht, die uns aus unseren erotischen und aus unseren religiösen Bemühungen zuwächst. Übrigens die einzige Einsicht …

Die ultramontane und die moralpietistische Intelligentsia von heute: blutrünstige Komödianten und blutarme Querulanten; Fachleute für spirituelle Gefäßstörung, Herzensenge rechts und links.

Das Gebet, jovialstes aller Duzverhältnisse … Und doch vielleicht das einzige, in dem das Du nicht vom nahen Bruch der Beziehung kündet!

Übermaß und Profanierung der Bekenntnislust haben Hörinstanzen wie den Beichtvater, haben Büßergestalten wie die Betschwester verdrängt. Doch sind neue entstanden, etwa die Beichtschwester und inzwischen auch der Bekenntnisbruder.

Der progressive Spießer hat die Religiosität durch die Moralität ersetzt, der reaktionäre Spießer sucht seinem Kunstgeschmack durch ein Glaubensbekenntnis aufzuhelfen.

Wer nicht mehr alle Macht hat, muß für alles Worte finden: Das war im 20. Jahrhundert der Nachteil des Theologen gegenüber dem Ideologen.

Ob geistgläubig, liebesselig oder arbeitswütig: immer derselbe Stolz, für einen anderen unentbehrlich zu sein.

Der Christ betet, daß ihm geholfen werde, nicht, daß ihm der Helfer erscheinen möge!

Eher als zum Herrn der Welt wird der tote Märtyrer zum Herrn der noch lebenden.

Der wahre Glaube läßt sich leichter verbergen als der gute Geschmack.

Alle Menschen werden Brüder, alle Mörder werden Brudermörder!

Das Gespräch mit dem Herrn der Welt ist so einseitig wie das Gespräch mit dem Herrn des Leibs. Ob Gott oder Schmerz, beide lassen uns sprechen: Entweder ich verstumme oder Er.

Der Kommunismus ist älter, der Katholizismus tiefer als seine Begründung.

Die Erleuchtung? Ein helles Licht auf unsere Gläubigkeiten von einst, dank absoluter Unfähigkeit, uns nochmals das Licht eines Glaubens anzustecken!

Vergebens hofft man, den Neid der Götter zu beschwichtigen, indem man ihnen versichert, sie seien so reich wie man selbst.

Machtlosigkeit läßt es allemal angeraten scheinen, einem Mächtigen als Berater beizuspringen.

Das Mitgefühl ist vielleicht nicht spirituell, jedoch seelisch eine größere Leistung als die Nächstenliebe – diese fordert nur, daß man seinen Egoismus, jene, daß man seinen Ekel überwinde.

Positivismus: die Ersetzung der Theologie durch ausgesuchte Wissenschaften, Neukantianismus: die Rettung der Theologie durch Verstoßung aus den Wissenschaften.

Einen Fortschritt im Glauben kann es nicht geben, einen Fortschritt im Unglauben ebensowenig. Jedermann hat das begriffen, ausgenommen die Wissensgläubigen.

Was Katholizismus und Positivismus verbindet, das ist die Neigung, aus der menschlichen Vernunft ein Mittel zu machen, an dessen Tauglichkeit zu himmlischem oder irdischem Zweck man nicht zweifelt, eine Monstranz, die man vor sich hertragen kann. Einmal aus dem Leben und seinem Leiden gerissen, triumphiert solche Vernunft dank ihrer Leichenstarre.

Es ist der Traum toleranter Schwächlinge, durch Intoleranz wieder zur Stärke zu finden.

Die Selbstverständigungsliteratur hat von Pascal alles übernommen – den Unternehmergeist, den Forscherdrang, den Mitteilungseifer, nur nicht Pascals aufrichtigen Ekel vor dem, was sich da mitteilen will.

Die Paradoxie des Gebets ist die Anrufung eines fremden Bewußtseins, wie es bereits der Begriff eines fremden Bewußtseins ist.

Was nicht durch etwas anderes erklärt werden kann, muß durch sich selbst erklärt werden. Oder es sollte nicht erklärt werden, könnte da der Monotheist dem Pantheisten entgegenhalten.

Die Begegnung mit dem Christentum von heute? Unbewohnte Gotteshäuser, unbehauste Mieterseelen.

Das Gebet ist ein Gespräch, dessen Ende kein Sprechender bestimmt.

Welche Naivität, in Luthers Wüten die befreite Simplizität der Menschennatur zu sehen! Es ist die vorsätzliche Naivität eines Gewissens. Die menschliche Natur ist nicht simpel, sie spricht stets mit zerspaltener Zunge.

Ein Gedicht erspart das Meinen, ein Gebet oft den Glauben.

Kein Denker, der nicht einen natürlichen Drang zur Künstlichkeit besäße, kein Bewohner einer künstlich erschaffenen Welt, den es nicht irgendwann nach der Natur verlangte: Religion ist die Sentimentalität der denaturierten Geister.

Ob Künstler, Denker, Heiliger: Wer die Einsamkeit sucht, wird nichts in ihr finden.

Das Gefühl, allein zu sein, ersetzt das Gefühl für den Menschen und zuletzt auch den Glauben an Gott. Würde der einzige Mensch auf der Welt beten?

Man klagt die Kirche, klagt die Konfessionen wegen des Gemetzels an, das durch einen »Glauben an Gespenster« in die Welt gekommen ist. Ungläubiges, handgreifliches Gemetzel wäre dann wohl die fromme Norm.

Überall Verblendung und – was noch schlimmer ist! – Treulosigkeit: Jeder gebiert und verrät seinen eigenen Wahn.

In seinem Versuch, eine reine, nicht mehr von Religion verschmutzte Welt zu erbauen, gleicht der Naturfromme einem Katharer, einem besonders arg- und ahnungslosen freilich: Auch die Natur kann nicht mehr eins sein, nachdem die Religion von ihr gesprochen hat.

Der Unterschied zwischen einer glaubensfreien und einer glaubensfrohen Welt? Dort Individuen, hier Kreaturen!

Mehr noch als einen Rausch bietet die Vorstellung, selbst ein Gott zu sein, einen Trost, denn man bedarf nun weder eines Trösters, noch hat man Grund, untröstlich zu sein. Doch wie der Rausch verfliegt auch der Trost, und der Gedanke an die eigene Göttlichkeit langweilt den Menschen wie wohl einst seinen Schöpfer.

Geben wir der Trauer unserer Seele ein menschliches Gesicht, glätten wir sie zur Melancholie des Geistes!

Was man Amerikanisierung nennt, ist bloß das nachgereichte Vorbild jeder Missionierung: Gefügt aus Verklemmtheit und Vulgarität, wirft das Kreuz seinen Schatten auf alle Welt.

Wer in einem Reformationsjahr über einen Reformator schreibt, hat sich intellektuell disqualifiziert – spirituell ohnehin.

Je konkreter das Objekt einer Leidenschaft, desto leichter ist man von ihr zu kurieren. Glaubt man zu wissen, *wer* Gott sei, kommt rascher vom Glauben frei, als wenn man zu wissen glaubt, was göttlich sei.

Erst wenn eine Seele endgültig verstummt ist, kann sie ins Gerede kommen.

In unserer Hölle gilt einzig das Gebot, von einem armen zu einem gerechten Teufel zu werden: Hasse deinen Nächsten wie dich selbst!

Die Gottsucher von heute, die es aufs Land statt in die Wüste zieht – was sind sie anderes als von der großen Stadt verwirrte Kleinstädter, die sich für wiedergeborene *chrétiens* halten möchten?

Mit dem Nationalstolz ist es wie mit einem Gottesbeweis: Beide dementieren, indem sie postulieren.

An die Erlösung glauben – vergessen, was man von Erlösern weiß …

Glaube ist Zweifel am Wissen.

Die Reinheit? Ja, aber verbunden mit der Erstarrung, nicht mit dem Eifer der Erneuerung!

Geistige Einsamkeit ist die letzte; man mußte für sie an Leib und Seele sterben.

Ein Glaube leistet mehr für uns als ein Arzt, der uns nur gesund machen kann. Ein Glaube gibt unserer Krankheit *einen Namen*.

Der Haß ist eine Liebe, die nur aus Liebe bestehen will.

Die Renaissance eines Glaubens kündigt sich an, wenn seine Verheißungen wie Versprechungen klingen.

Nur ein Gott könnte die Materie begreifen, ohne sie erschaffen zu haben. Der Mensch begreift nur, was er erschafft.

Narren in Christo sind heute weder in den Glaubenskongregationen noch unter den Kirchenreformern geduldet.

Theologen würden selbst im Gebet ihr Thema verfehlen.

Ungläubig zu sein, das heißt dem Weltende mit reinem Grauen entgegenzusehen.

Die Ahnung, daß Leben nur eine Episode sei, kann jeden Lebendigen kränken. Seinen Trost könnte er darin finden, daß er keine Ahnung davon hat, *wovon* das Leben Episode sei.

Seufzer, Flüche, Gebete ins Leere – wenn man in all dem eine gewisse Übung erlangt hat, wird man ungern von einem Theologen hören, daß es hierfür eine Adresse gibt.

Die Zahl der politischen Ideen ist ebenso begrenzt wie die der religiösen und philosophischen. Daher das Bedrohliche der Massen, die sich hinter ihnen sammeln.

Ein lebendiges Gottesverhältnis gibt es allein dort, wo man dem Allerhöchsten wechselnde Stimmungen zuschreibt, wo man ihn zu beschwichtigen, überhaupt zu beeinflussen sucht, kurz: sich aufführt wie ein Lebendiger gegenüber einem Lebendigen. Eben darum wirkt der Katholizismus lebendiger als der Protestantismus, wirkt der Jehovakult lebendiger als der Jesusglaube, wirkt der heidnische Aberglaube lebendiger als jegliche Gnosis. Und ist diese mit ihrer Annahme eines stets guten, also launenfreien und unbeeinflußbaren Gottes nicht die Vorhölle der agnostischen Fadheit?

»Luther und ich: Wir würden engagierte Gespräche führen.« (Erzbischöfin J. im *Westdeutschen Landfunk*, 2017) Doch wer weiß, welche Klone des Glaubens 2117 sprechen werden …

Irgendwann kann der Mensch nicht mehr weiser werden, sondern nur noch wissender.

Schlimmer als die Verbote, welche die meisten Sekten über das Lachen verhängt haben, ist jenes Lachen, das sie – zusammen mit der einschlägig einfältigen Visage – ihrer Kundschaft zum Gebot gemacht haben.

Die moderne Seele zerfällt nicht zu Staub, sondern sinkt zurück in den Lehm.

Mit einer Botschaft büßt man nur dann den guten Geschmack ein, wenn man sein eigener Botschafter zu sein glaubt.

Der Fanatismus stirbt nicht an der Vernunft, sondern am Verständnis für den Fanatiker.

Sag nicht: In anderen Zeiten wäre ich ein religiöser Schriftsteller geworden. Sag: In dieser Zeit sollte ich ein religiöser Schriftsteller werden unter gottlosen Christen.

Das Evangelium wird zur Moral, die Kirche zum Salon … Die Bestie kann kein Gift mehr verspritzen, es rinnt ihr nur mehr aus dem Mundwinkel.

Erlöst ist, wer noch alles erhofft, aber so handelt, als erwarte er schon nichts mehr.

Philosophie

Kunst ist Vertiefung, Religion Verarztung, Philosophie Vernarbung der Lebenswunde.

Mit dem Glauben wäre nur eine Philosophie vereinbar, in der die Liebe zur Weisheit mit der Furcht vor ihrem Besitz ringt.

Leben ist, was sich nicht von selbst versteht, wenn man es mit menschlichen Augen ansieht.

Den Esprit streift der Glaube nur dort, wo sein Blick böse wird: das Porträt Adams, der aus Dummheit neugierig wurde, das Porträt Evas, der dies aus Langeweile geschah …

Ursprung des Bösen: eine Aufgabe für den Verstand. Zeugung des Guten: ein Auftrag an die Phantasie.

Zur Weltherrschaft ist der Geist berufen, der nichts ausdrückt und der allen eingeht.

Der Philosoph, der das Werk eines Poeten erklärt, sucht die billige Überlegenheit, der Poet, der eine Philosophie bebildert, will den leichten Erfolg.

Geist ist weder Natur noch Kultur. Gegenüber der Natur erscheint Geist als Kulturform, gegenüber der Kultur als Naturgewalt. Geist ist keine Substanz, sondern eine Relation, ist also nichts außerhalb seiner Erscheinung.

Zur Philosophie bedarf es einer Verstörtheit am Wissen, zur Kunst einer Verletztheit des Gefühls.

Wenn der Weise dem Helden ein Konkurrent werden konnte, dann dadurch, daß schon am Anfang seiner *vita activa* eine abgrundtiefe Enttäuschung stand.

Wer sich langweilt, beweist mehr Intelligenz, als wer sich nicht langweilt; wer seine Langeweile überwindet, beweist mehr Intelligenz, als wer seiner Langeweile verfällt: Dies könnte die Fabel eines Lebens wie eine Philosophie der Geschichte sein.

Der Ermattung der Religion folgt die Ermattung der Philosophie: Zuerst erlahmt der fromme Haß, dann der Haß auf den frommen Haß. Welcher Philosoph fühlte heute noch das Verlangen, durch eine Allee von gekreuzigten Priestern zu wandeln?

Dem Intellekt frommt weder das Opfer der Moral noch das Opfer des Geschmacks, höchstens das des Lebens.

Es macht eine Seele einsam, wenn sie sich zum Geist flüchtet und von ihrer Flucht spricht.

»Notwendiges darf man zweimal sagen.« (Empedokles) Hat man es mehr als zweimal gesagt, ist es selten noch notwendig.

Die Philosophie konnte vielleicht nicht die Kunst, doch zumindest jene Künstler beflügeln, die im Widerspruch zu ihren ästhetischen Grundsätzen schufen.

»Historischer Sinn« besteht darin, etwas als ein Problem erkennen zu können, das andere als ein Schicksal erleiden mußten.

Er kritzelte Vernichtungsbefehle gegen jedermann und sandte sie in alle Himmelsrichtungen, war aber bis zuletzt besorgt um seinen guten Ruf.

Ein größeres Opfer des Intellekts als der Glaube fordert die Hoffnung, ein größeres Opfer des Intellekts als die Hoffnung fordert die Liebe.

Nicht die Nachahmung Nietzsches macht lächerlich, sondern Nietzsches Lächerlichkeit allein läßt sich nachahmen.

Am wenigsten ist der Geist veraltet, der sich nicht entfaltet hat.

Der Versuchung des Hochmuts entgeht niemand, der sich für die Wahrheit erniedrigt glaubt.

Es mag sein, daß ein Geist durch Klarsicht wirkt; doch hat er dann *seine Möglichkeiten* verwirkt.

Der unterlegene Gesprächspartner zwingt Sokrates zum didaktischen Monolog und zur dialektischen Monotonie.

Stoizismus: Geschäfte betreiben, an die man nicht glaubt, und den erzielten Gewinn verächtlich ausgeben …

Die Ironie erlaubt zwei Überschreitungen: zur Theorie der Ironie und zur Praxis der Selbstironie – zur Langeweile und zur Verzweiflung.

Transzendentalphilosophie: Selbstbeschränkung aus Selbstbewußtsein.

Am besten denkt, wer den, der am schlechtesten denkt, aus Gewissensgründen nachahmt.

Der Primat der Praxis vor der Theorie ist eine Theorie, deren praktische Bewährung aussteht.

Nietzsches Aggression gegen Sokrates – Nietzsches Angst vor Sokrates. Der Werkmacher, zitternd vor einer Klarsicht, die sich in Worte fassen läßt und doch ein »Werk« ausschließt.

Um die redseligen Geister zu blamieren, genügt es, sie vollständig zu zitieren.

Gegen den Mann aus Trier wirkt der Mann aus Röcken oftmals wie ein Plebejer gegen einen Optimaten, denn Marx verstand zu bewundern, was er haßte.

Es gibt Denker, die, sobald man über sie *in Austausch* tritt, unweigerlich die Verbreitung der Dummheit fördern.

Zuweilen kann der Ideologiekritiker sich schwer entscheiden, ob er den Ideologen als Opfer böser Absichten oder absichtsloser Bösartigkeit überführen soll.

Der Schwätzer läßt uns keine Wahl: Gegen sein Geschwätz können wir nur noch *anschwatzen*.

In der Windstille des Denkens wachsen der Dummheit Flügel.

Der Philosoph, der keine Memoiren vorweisen kann, rettet sich in Maximen.

Das *peccatum originale* des Geistreichen ist nicht, daß er reich an Geist, sondern daß er mit all seinem Reichtum am Leben sein will.

Dem Dummen hilft nur das Verstummen. Oder das Nachreden, manchmal.

Geht der Weise unter Menschen, wirkt er eher grob als klug.

Am befremdlichsten wirken jetzt Denker wie Husserl oder Descartes. Wem wäre mit *Gewißheit* noch geholfen?

Die großen Namen in der Philosophie gehören jenen Geistern, deren Gedanken nur unpopulär werden können.

Wenn die naturgeborene Dummheit unerotisch wirkt, so deshalb, weil sie niemals Ergebnis jenes orgiastischen Zusammenbruchs ist, der allein die Vernunft ereilt.

Dieser Philosoph gab den Metaphern des Sprechens vor jenen des Sehens den Vorzug – wie so viele, die nicht genau hinzusehen wagen.

Wer nur eine einzige Idee sein eigen nennt, ist allzu sehr geneigt, sie zu verwöhnen.

Gut gebaute Gedanken lassen sich lieber tragen als sich selbst in Umlauf zu bringen. Hinkende Gedanken dagegen setzen sich sogleich in Bewegung.

Wahrheit ist die Art von Trauer, gegen die weder Worte noch Tränen helfen.

Die Überzeugtheit von der eigenen Intelligenz fußt gewöhnlich darauf, daß man das Bewußtwerden der eigenen Dummheit nicht für eine weitere Dummheit hält.

Eine Universität kann Brutstätte oder Faulkammer, nie Geburtsklinik oder Sterbezimmer des Geistes sein.

Die glatte, runde Dummheit ist durch eine Leidenschaft sowenig zu verführen wie die glatte, runde Intelligenz.

Ein Nachschlagewerk entweder notwendig oder überflüssig zu machen, dies gelingt nur dem Werk des *gelehrten* Philosophen.

Intelligenz macht Boshaftigkeit erträglich und Boshaftigkeit den Mangel an Intelligenz.

Eine dumme Frage, die eine intelligente Antwort erheischt, oder eine hinterlistige Frage, die mit einer brutalen Antwort abzuspeisen ist – so blickt der Philosoph auf die Geschichte.

Die Transzendentalphilosophie hat den Körper Kants krumm gemacht, nicht den Körper Fichtes. Woraus man schließen könnte: Nur Kant hat für seine philosophische Entdeckung bezahlen müssen.

Praxis ist die Bedrohung, die Rechtfertigung oder die Verabschiedung der Philosophie.

Den Philosophen der Neuzeit, der seine Lieblingsidee hatte, verdrängte der Philosophiewissenschaftler der neuesten Zeit, der seinen Lieblingsphilosophen erforscht.

Nicht seine Gedanken, seine Vorurteile sind die Visitenkarte eines Geistes.

Der Dummkopf von gestern triumphiert über die Dummheit von heute.

Geistesreichtum macht so ungeduldig wie Geistesarmut.

Vor dem treuherzigen Genie, das ernstverzerrten Gesichts die Floskeln des Scharlatans durchdenkt, können wir keinen Respekt mehr haben.

Jeder von seinem Sprachkleid befreite Gedanke geht irgendwann auf den Strich einer »Idee«.

Wenn man sich angewöhnt hat, dem Leben zu mißtrauen, wird man zu jeder Karriere unfähig, allen voran zu einer Karriere als Philosoph.

Am meisten kompromittieren sich Zarathustraleser durch den Wunsch, miteinander ins Gespräch zu kommen. Eine Herde von Übermenschen, die über die Masse der Durchschnittsmenschen kollektiv die Nase rümpfen …

Weisheit zeigt sich im Wissen des Wahren, Intelligenz zeigt sich in der Wahl des Zeitpunkts, es auszusprechen.

Der Wissenschaft folgt die Technik wie der Angst die Aggression.

Niemand denkt oberflächlicher, als wer sich jenseits der Oberfläche dünkt.

Die Gründe des Herzens sind selten so tief wie die Abgründe der Vernunft.

Philosopheme, die auf Philosophiekongressen verhandelt werden können, sollten nur auf Philosophiekongressen verhandelt werden.

Die talentlosen Philosophen flüchten sich in die Wissenschaft, die übertalentierten Wissenschaftler erholen sich in der Philosophie.

Es gibt nur eine Rechtfertigung dafür, Philosophie zu lehren: daß der Belehrte fortan nichts mehr zu lernen braucht. Wer sein Leben an der Universität zubringen konnte, darf sich da gerechtfertigt fühlen.

Ideologie nennt der Ideologe von heute die Logik von gestern.

Wo immer ein Philosoph herrschte, da lag Betrug vor – über den die Beherrschten meist besser im Bilde waren als der Philosoph und sein Herrscher.

Egoismus ist das Skelett der Persönlichkeit und Eitelkeit ihr Fleisch.

Sich auf eine Philosophie der Geschichte zu verstehen, das heißt, dem Bösen gerecht zu werden und das Gute nicht vorzeitig zu begnadigen.

Der einfältige Pessimist weiß nicht zu sagen, was ihn am Leben hält, der durchtriebene räumt es widerwillig ein.

Wenn es einen Geist des Totalitarismus gäbe, dann wäre er nur von innen zu erforschen.

Die präzise Bezeichnung eines Geredes, das kein Monolog sein will, bleibt »Gedankenaustausch«.

An den philosophischen Stars von gestern begreift man schneller als an den philosophischen Stars von heute, was Philosophie *nicht* ist.

Der Anblick eines effektiv und lautlos arbeitenden Verstandes erfüllt den Flachkopf mit Angst, den Wirrkopf mit Neid, den Holzkopf mit Zorn.

Menschen, die keine Fragen haben, soll man nicht durch Nachfragen noch störrischer machen.

Der Freiheit von Ideen erfreut sich der ideologische nicht weniger als der ideologiekritische Kopf.

Auch in der geistigen Welt gilt: Krankheiten sind individuell, Therapien universell.

Die philosophischen Systeme scheinen die Krücken eines Denkens zu sein, das ohne sie genauso flott voranschritte.

Aristoteles, Thomas, Hegel. Wer sich gegen einen von diesen empört, empört sich gegen die natürliche Sklerose des Geistes.

Das Abenteuer jedes Rationalismus besteht darin, eine wesentliche Erfahrung gemacht zu haben – eine Erfahrung, über die es nachzudenken lohnt.

Bekenntnisse zur Vernunft sind albern, Bekenntnisse zur Leidenschaft absurd.

Professor darf jeder Philosoph heißen, dessen Werk in der Zusammenfassung seines Schülers verständlich wird.

Wer nicht mehr zu argumentieren weiß, beruft sich auf sein Gefühl oder auf die Praxis.

Die Studierende liebt es, vage vom Präzisen, die Studierte, präzis vom Vagen zu sprechen.

Nietzsches Dionysos-Schwärmerei oder: das Exerzitium der Professorenentkrampfung.

Die Frankfurter Schule war Verdauungsgeräusch; was nach ihr kam, war die Behauptung, es habe nicht geschmeckt.

Sagen wir nicht, das Wort »sein« sage gar nichts! Sagen wir: es sagt weniger als gedacht.

Die Philosophen, die erst Wissenschaften studieren wollen, um auf solider Grundlage nachdenken zu können, erinnern an die Literaten, die zu Weltreisen aufbrechen, damit sie hernach etwas zu erzählen haben.

Zuerst schreibt man, um den anderen, später, um sich selbst zu imponieren. Der Schritt von Schopenhauer zu Nietzsche.

Der Respekt vor dem großen Geist gebietet es, daß die Paraphrase seiner Gedanken unter deren Niveau bleibt.

Cioran – einer, der wie Schopenhauer denkt und wie Nietzsche schreibt.

Ein Künstler ist jemand, der seine Gefühle ausbeutet, und ein Philosoph – ist auch so jemand, freilich erst, nachdem er seine Gefühle in Gedanken eingelegt hat.

Der Denker, der in Heim und Welt eine allzu gute Figur macht, kompromittiert sich.

Wie viele intellektuelle Biographien beginnen nicht mit einer ehrgeizigen Ironie und begnügen sich dann mit einem banalen Zynismus ...!

Jene Denker, die immer nur »Individualisten« begeistern ... dies allerdings massenhaft.

Das Außerordentliche blendet, aber erleuchtet uns nicht.

Was von Philosophen neuzeitlicher Jahrhunderte, egal welcher, zu halten sei, wird vielleicht am klarsten bei dem Gedankenspiel, daß von ihrem Werk dereinst nur wenige Sätze überliefert werden dürften. Welche Worte eines Zeitgenossen taugten zum Fragment, mit dem sich den Vorsokratikern Konkurrenz machen ließe?

Porträt Ciorans von Irmeli Jung. Dieser kindliche Blick – wie aufgestört aus einem Paradies. Man fühlt sich entwaffnet. Und fühlt auch, daß ein solcher Mann nicht Vater eines Kindes werden konnte …

Der Denker auf hohen Bergen als Jesus-Imitator und Edel-Untertan: Er möchte zur Rechten eines Gottvaters sitzen, dessen Herrschaft er ermächtigt oder dessen Herrlichkeit er erfunden hat.

Alles in allem wirkt die Karriere Nietzsches nicht trauriger als die gewisser deutscher Idealisten. Ein Leben, auf dessen Grabstein zu lesen ist »Seine Mutter war sein Schicksal« – kann es trauriger gewesen sein als eines mit der Grabschrift »Seine Gattin war sein Leben«?

Dieser greise Philosoph hat in seiner Jugend den Jargon des zureichenden Grundes erlernt und in seinen Mannesjahren zureichende Gründe en masse gefunden. Jetzt drängt es ihn, all seine unbegründeten *Meinungen* kundzutun.

Als Vordenker einer Sache beginnen, ihr Nachtreter gewesen sein … und nicht ihr Mitläufer gewesen sein wollen.

Nichts ist dem, der ein Leben lang zum Schweigen oder zum Begründen verurteilt war, im Alter so heilig wie seine unbegründbaren, unaussprechlichen Meinungen.

Der Philosoph, der seine Zeit in Gedanken fassen will, gleicht dem Arzt, der sich nur für unheilbare Krankheiten interessiert.

Zumindest in intellektueller Hinsicht verfehlt muß dasjenige Leben genannt werden, worin die Erfolge nachhaltiger wirkten als die Enttäuschungen.

Philosophie ist Verschwendung von Lebenszeit (P. Feyerabend), aber auch Existieren ist Verschwendung von Lebenszeit!

Wer statt von Wahrheit lieber von »den Wahrheiten« spricht, muß gegen die Neigung kämpfen, alles auf *eine* Lüge zurückzuführen.

Disziplinlose Denker halten sich gern für Gefühlsmenschen.

Die perfekte Synthese von Glauben und Wissen ist das Zitat aus zweiter Hand.

Erbliche Einfalt des Geistigen: an die Mannigfaltigkeit im Sinnlichen glauben, im Leben, in der Liebe, wo auch immer.

In der Philosophie mag es moderne Probleme geben, niemals jedoch moderne Lösungen.

»Metaphysischer Vatermord« ist oft nur unter Brüdern ein Ereignis.

Die Leute, die einer sprachlichen Mode folgen, bleiben darin niemals einsam; geistige Zeugungsschwäche zeugte noch immer sprachliche Milieus.

In philosophischen Sackgassen darf sich die Vernunft ungestört breitmachen.

Kein Mensch kann ohne Meinungen sein, doch der freie Mensch weiß zu sagen, wem er sie entliehen hat.

Atheismus, Evolutionismus, Naturalismus: Gifte für die Ungebildeten und Opiate für die Gebildeten.

Die verheerende Größe seines Unwissens kann nur derjenige ermessen, der es von allen Seiten durch Wissen umfriedet hat.

Im Blick des »Fortschritts« erscheint alles Leben nur in zweierlei Zustand: entweder als Brennmaterial oder als verbranntes Material.

Man gewinnt leicht den Ruf eines Fundamentalisten, wenn man dort hinzusehen wagt, wo alle anderen schon geurteilt haben. Spengler? Spengler!

Weder die Linke noch die Rechte freut die Erkenntnis, daß der Intellektuelle zum Nachfolger des Heiligen bestimmt ist – zu jenem Menschen also, dem alle Welt Glauben schenkt, weil er es sich mit aller Welt verdorben hat.

Das Buch, das zählt, wird entweder eine Bücherei begraben oder in einer Bücherei begraben.

Denken hat so wenig mit Reflexion zu tun wie Glaube: Ein Freidenker steht einem Freigeist nicht näher als ein Rechtgläubiger.

Die Vermählung einer Idee mit einer Wirklichkeit gleicht selten einer Vernunftehe.

Wenn Philosophen der Lächerlichkeit eher anheimfallen als Fachgelehrte, dann deshalb, weil sie sich als Herren eines Wissens geben, das nur den Dienst an ihm erlaubt.

Die Philosophiehistorie ist zuerst die Überlieferung von Fragmenten, sodann eine kommentierte Sammlung gut erhaltener Überlieferungen und zuletzt eine ausführliche Zusammenfassung gesammelter Kommentare.

In seiner Abschiedsvorlesung läßt Professor T. wissen, daß die Philosophen B. und H. kaum soviel Falsches über *die Zeit* gesagt hätten, wenn sie sich nur eine Viertelstunde Zeit zum Nachdenken genommen hätten. Ein Leben lang das Richtige denken – ein Professorenleben lang …!

»Exemplarisches Denken.« Wer ein Buch so betitelt, mag vom Denken wenig, vom Dasein aber doch das eine begriffen haben: daß man nur ein Beispiel an Dreistigkeit geben muß, um nicht nach allen Regeln seine Dummheit zu bezeugen.

Der *Gedanke* ist im Gespräch des Einzelnen oder im Schweigen unter Freunden. Auf der Versammlung beredter Schwerhöriger verstummt er.

R. ein Philosoph? Er ist nicht einmal ein Gelehrter. Ein Lehrender, das ja.

Den strebsamen Geist charakterisiert, daß ihm die lösbaren Probleme niemals ausgehen.

Bei den ganz banalen wie bei den überaus ambivalenten Ideen hilft keine Philosophie – aus ihnen läßt sich nur noch Literatur machen.

Unter gleichrangigen Partnern ist die Diskussion ein Austausch gleichgültiger Ideen.

Nicht der Geist macht einsam, nur der Geist, der auf die Geistlosen trifft.

Ambivalenz ist die Vorstufe der Subtilität oder der Konfusion.

Gegen den Reichtum eines Denkers spricht einzig die Zahl der Armen, die er ernährt.

Die Allgemeinplätze im Gespräch der Allerweltsköpfe erkennt man daran, daß jeder von ihnen sogleich Urheberansprüche auf sie erhebt.

Idealisten, Materialisten, Naturalisten etc. – so nennen sich Menschen, die vom Menschen nicht zu enttäuschen sind.

Die *vita activa* ist das Ende der Philosophie, die *vita contemplativa* wäre das Ende der Wissenschaften.

Die 18 Bände gesammelter Werke, die der Berühmte seinem Jahrzehnt hinterließ, wären kaum zustande gekommen, hätten ihn 18 verschiedene Ideen heimgesucht.

Systematische Dummheit ist der Gelegenheitsdummheit ebenso unvorstellbar wie der Gelegenheitsintelligenz.

Der metaphysische Star auf dem Katheder behauptet nicht, was ihm selbst, sondern was den mitschreibenden Gimpeln davor als sensationell erscheint.

Wer sich auf einem Fachkongreß nicht langweilen will, muß sich nebenbei zu lesen mitnehmen, am besten Literatur aus dem Nebenfach.

Der Verständige erträgt nur den Anblick einer Gesundheit, die alle Krankheiten des Verstandes überlebt hat.

Wer anderen Leuten den Horizont erweitern will, versperrt ihnen dabei meist die freie Sicht.

Der Schritt von Sokrates zu Platon, vom Sprechen zum Schreiben – das ist der Schritt von der Selbsterkenntnis, die unproduktiv bleiben muß, zur Erkenntnis, die selbst produktiv werden will.

Verständnis fällt meist schwerer als Einverständnis, ist jedoch leichter zu heucheln.

Der Intellektuelle, der verächtlich von »den Intellektuellen« spricht, ist gekränkt, wenn man ihn nicht zu den Intellektuellen zählen will.

Klarheit verdichtet nichts. Klarheit löst auf – zuallererst den Geist, der ihr verfiel.

Wenn der Tiefsinn einer Weisheit nicht verärgern soll, darf man ihr nicht die Tiefe ansehen können, aus der sie geschöpft ist.

Das kurze Wort kleidet die große Dummheit, das lange Wort verhüllt die kleine Dummheit.

In den dogmatischen Schulen werden die Lehrer zynisch und die Schüler ironisch, in den kritischen bleiben die Lehrer ironisch und die Schüler naiv.

Alle Anthropologie muß eine Antwort geben auf die Frage, ob der Mensch nach Erkenntnis aus Angst strebt oder aus Neugier, dieser freudig erregten Angst.

Wenn ein Historiker durch seine Meinungen veraltet, dann wird aus einem Interpreten der Vergangenheit eine Quelle für andere Historiker.

Das schrecklichste Schauspiel bieten jene Geistestäter, die es zu Lebemännern brachten.

Philosophen sollen die Logik respektieren? Ebenso könnte man verlangen, nur Leute mit gutem Gedächtnis sollten Historiker werden!

Dummheit enthüllt sich schon im isolierten Zitat, Intelligenz erst im Kontext.

Brillant werden meist jene Geister genannt, die uns zu Dunkelheiten verführen können. Ein Pluspunkt für die *Réaction*!

Hegel ist glücklich, Wittgenstein unglücklich in das naive Bewußtsein verliebt.

Die Moralphilosophie hat allen Geschmack, selbst den des Moralins, verloren, seit sie weder Gebote aufstellt noch Gebräuche untersucht, sondern nur mehr die Regeln untersuchen will, nach denen sich brauchbare Gebote aufstellen lassen.

Ob man dem neuesten Papst huldigt oder Karl Raimund Popper – die Vernunft, die man einem Glauben unterwirft oder als Bekenntnis vor sich herträgt, ist stets nur noch Kadaver des Verstandes.

Gegen eine rein intellektuelle Existenz eifert der Mensch, dem der Intellekt zur Existenz verholfen hat.

Gewissen Theorien folgt das Engagement wie dem raschen Vergnügen die Ratlosigkeit.

Als Zyniker schmäht man gewöhnlich jemanden, der seine Bedürfnisse nicht mit dem Recht auf ihre Befriedigung verwechselt.

Stoizismus: ärmste der Philosophien, die nur bei reichen Leuten nicht überflüssig wirkt.

Die Erbarmungslosigkeit gegen den Dummkopf ist oft nur ein Erbarmen mit der eigenen Intelligenz.

Wenn einer wirklich wüßte, daß er nichts weiß, dann wüßte er schon allzuviel, um noch das Nichtwissen anderer Leute ertragen zu können.

Um eine Erkenntnis populär zu machen, muß man ihr das Aussehen einer frisch entdeckten Wahrheit oder eines zufällig widerlegten, aber weiterhin aufregenden Irrtums verschaffen.

Im Gerede vom Unverfügbaren bezeugt sich eine verdruckste Sehnsucht nach dem Bezwingenden.

Was Ideologen wie Ideologiekritiker zur Verzweiflung treiben muß, ist die Ahnung, daß ein Leben nicht falsch sein kann – selbst wenn es die Idee vom Leben wäre.

Der Drang, über alles ein Urteil zu fällen, erstirbt im allgemein akzeptierten Vorurteil.

Frei wird ein Geist nicht, indem er sich von freien Geistern ernähren läßt, sondern indem er die unfreien ausscheidet.

Das Paradies ist die Rechtfertigung und die Rettung der Dummen: Hat man je von Paradiesen gehört, wo nur die Intelligenten zugelassen sind?

Ein Macher verwandelt alle theoretischen Probleme in praktische und hält lebensgefährliche Lösungen bereit. Ein Denker überführt die praktischen Probleme in theoretische, um friedlich mit ihnen auszuleben.

Das neuere Europa entstand an dem Tag, da die Künstler als Priester, die Priester als Philosophen und die Philosophen als Künstler gelten wollten.

Pascals Unglück zeigt die einzige Richtung, die die Nächstenliebe in einer gottverlassenen Welt nehmen kann: im Zimmer bleiben, um das eigene Unheil nicht über die Menschen zu bringen.

Philosophie ist die Methode, die sich allein auf alles Mögliche anwenden läßt.

In dem Wunsch nach einem geistigen Erben lebt jenes Mißverständnis fort, dem sich bereits die Erarbeitung der einschlägigen Erbmasse verdankt.

Definitionen der Philosophie wirken wie eine verspätete Rache von Leuten, die deren Studium ihre besten Jahre geopfert haben.

Die meisten Zinsen trägt die Idee ein, die man sich schenken ließ.

Ein Argument, das unserer Zustimmung gewiß sein darf, flößt uns Furcht, ein Dogma, das um unsere Zustimmung kämpft, flößt uns Erbarmen ein.

In seiner Jugend fürchtet der Philosoph das fremde, in seiner Reife das eigene Urteil über sich.

Ein explosiver Geist, der sich berühmte Feinde schaffen wollte – und dessen Leben damit endet, eine Schar von Namenlosen in Lohn und Brot zu bringen, seine Schüler!

Durch ihre Professionalisierung hat sich in der Philosophie alles verkehrt. So auch der Sinn einer *philosophia perennis* – und damit der Sinn von Unsterblichkeit. Denn das unsterbliche Wesen – ist das nicht der Philosophieprofessor?

Xenophons oder Platons sokratische Erinnerungen – die zwei Möglichkeiten von Philosophiehistorie: Unverständnis oder Mißverständnis.

Die Freunde des intellektuellen Engagements scheinen über ein Maß zu verfügen, durch das sich ein Denken mit einem Leben vergleichen läßt. Dann müßte sich nicht nur ein Denken an einem Leben, sondern auch ein Leben an einem Denken deuten lassen. Ein Sartre wäre nicht engagierter als ein Hegel, sondern nur reduzierter.

Im Gedanken eines Stoikers entdeckt man immer nur den Gedanken eines Menschen, den erst Furcht oder Armut oder Krankheit zum Denken brachten.

Spiritualismus: die Vorstellung, daß der Welt nichts fehlen könnte außer dem Geist.

Einen Katholiken in Verlegenheit bringen mit der Frage, ob er den Heiden Aristoteles oder den Christen Descartes vorziehe …!

Philosophen, die ihre Einsichten nicht für sich behalten konnten und die man dafür mit diebischem Undank überschüttete: Berkeley, Hume.

In metaphysischen Alternativen kann eine Seele über sich selbst irren. In künstlerischen nicht. Die Frage »Hegel oder Kant« ersetzen durch die Frage »Goethe oder Kleist«.

Die Jovialität des Meisters bezeugt sich im Schreiben von Vorworten, die Loyalität des Schülers im Schreiben von Nachworten.

Sobald ein originärer Geist auf eine Hochschulkarriere verzichtet, ist die seiner künftigen Interpreten gesichert.

Nietzsche glaubte, an seiner Vernunft zu leiden, Pascal litt an seiner Vernunft um des Glaubens willen.

Ein Gott braucht nur zu sein. Ein Mensch muß existieren.

Destrukteurskarriere: Sein ganzes Leben hat er gestoßen, was fiel, am Ende jedoch wollte er aufbauen. Ein Abstieg sondergleichen!

Freidenker nennen sich jene, deren Denken die Freiheit am wenigsten verträgt und die sich an ihre obskurantistischen Gegner wie an bergende Schöße klammern.

Die professionelle Philosophie beginnt mit der Verneinung der alltäglichen Poesie: das Leben heißt dann nicht mehr Traum, sondern Betrug.

Seinen Ambitionen eine philosophische Begründung geben anstatt einer religiösen, sich von Irrtümern leiten lassen statt von Illusionen ...

Wer die Philosophie am Ende sieht, verhilft ihr zu dem System, das sie während ihrer Geschichte vergebens sein wollte.

Die Abwendung einer ganzen Generation der Franzosen von Descartes und ihre Hinwendung zu Montaigne wirken, als ob da die geheuchelte Langeweile am Metaphysiker durch die verhehlte am Moralisten ersetzt worden wäre.

Den freien Geist erkennt man daran, daß sich Gefängnisdirektoren um seinen Nachlaß raufen.

Der Pessimist sucht und sichert seine Einsamkeit, nichts verstört ihn stärker als ein Kollektiv von Pessimisten, das durch alle Jahrhunderte nicht totzukriegen ist.

Hin und wieder ersetzte Schopenhauer das Ich durch das Gehirn. Das hat mehr Aufsehen erregt als seine bizarre These vom neunzehnten als dem philosophischen Jahrhundert.

Realismus: Apologie bestehender Ordnung. Utopismus: Apotheose kommender Unordnung.

Die metaphysische Potenz des Auges, von der manche Philosophen so viel Aufhebens machten, liegt wohl einzig darin, daß es sich schließen kann.

Für einen Denker, der die Wahrheit besitzt, kann die Freiheit nur bei den Andersdenkenden sein.

Wenn der Hochmut eines Philosophen meist noch übler riecht als der eines Theologen, so deshalb, weil der Philosoph den Geruch seines eigenen Glaubens atmen will.

Segnen und verfluchen: Ausdrucksformen eines Gottes, der nicht schaffen und vernichten kann.

Nur als Berufsphilosoph kann man es sich leisten, auch mal ein paar Tage nicht zu philosophieren. Ein freier Philosoph müßte sogleich um seinen Ruf fürchten.

Bedeutung wächst in arithmetischer, Bedeutungslosigkeit in geometrischer Folge.

Der Kampf mit seinen Feinden hat diesen Philosophen derart erschöpft, daß er begonnen hat, sich Schüler heranzuziehen.

»Evolutionäre Humanisten« und andere Eiferer glauben sich im Besitz der Wahrheit, nur weil nach ihren Verkündigungen alles gähnt.

Alles bestreiten ist die Adoleszenz, alles gelten lassen die Dekadenz des Skeptizismus.

»Alltagsphilosophie«. Klingt irgendwie nach »Wohnraumzeitschrift«.

Die Gespräche an einem »geselligen Abend« drohen den Geselligen in derart trostlose Langeweile zu stürzen, daß ihn nur noch ständiges Hören der eigenen Stimme trösten kann.

Alle Hoffnung auf die Lösbarkeit eines Problems erfordert den Glauben an das Wissen davon, was ein Problem sei.

Der dank seiner Sprachkraft allzu hoch fliegende Geist findet am ehesten durch eine Polemik, ja durch Gehässigkeiten zur Erde zurück. Wenn man bedenkt, wieviel Kraft ein Kierkegaard, ein Marx, ein Schopenhauer, ein Nietzsche auf ihre Verfluchungen verwandt haben! Sie beteten nicht mehr mit der Morgenzeitung wie Hegel.

Die Renaissancen der Philosophie verdanken sich weniger dem schlechten Gedächtnis der Philosophen für großspurige Antworten als ihrem guten Gedächtnis für bescheidene Fragen.

Nachdenken heißt abwesend sein, und darum ist ein Philosoph, der ganz »von hier« spricht, eigentlich ein Komödiant.

Am seltensten und am kostbarsten an einem Philosophen ist Dezenz, d. h. sein Verzicht darauf, große Namen zu nennen oder eigene Gedanken zu haben.

»Der Mensch ist das einzige Tier, das weiß, daß es sterben muß!« Abgesehen davon, daß einige andere Tiere es in ihrer Todesangst vielleicht noch besser wissen, ohne viele Worte darüber zu verlieren, ist der Mensch auch das einzige Tier mit dem Wissen, daß es zuzeiten einen gewisses Örtchen werde aufsuchen müssen. Das Pathos der Anthropologie ist erborgt – ob von der Theologie, ob von den Tieren.

Wenn der Phänomenologe nicht sagen kann, was das sei, die Phänomenologie, dann zeigt es sich vielleicht.

Für Platon war die Seele etwas, das sich selbsttätig bewegt, für uns ist sie das, was grundlos leidet.

Münsteraner Schule oder: das lauwärmste aller Wonnebäder.

Das Erkennungsmerkmal der geistigen Freiheit ist, daß man mit ihr nichts anfangen kann.

»Wie bereiten Sie sich auf den Tod vor?« – »Mit meinem ganzen Leben.«

Eine Seele haben heißt einsam sein, einen Körper haben heißt sich einsam fühlen, Geist haben heißt an seiner Einsamkeit sterben.

»Ich habe über Nietzsche gearbeitet.« Was mich zum Lachen reizte, war nicht dieses Bekenntnis eines Ordinarius, sondern das feierliche Schweigen und der neugierige Blick, mit dem er nach der Wirkung seines Bekenntnisses in meinem Gesicht forschte.

Das Zaudern ist weniger unproduktiv, als man denken sollte: Mancher hat es für das Verfertigen einer ganzen *Philosophie des Zauderns* nutzen können.

In Frankreich kann der Professor ohne weiteres auch Intellektueller sein, in Deutschland muß er sich hierzu für einen Künstler halten. Eine eigentümlich verkünstelte Sprache entspricht dieser Öffentlichkeitslust. Es ist unverkennbar das Idiom eines *Fachs*, nicht jedoch mit der Sprache des Alltags, sondern mit der Sprache eines *anderen* Fachs verschnitten – Philosophen etwa, die soziologisch, psychologisch, immunbiologisch, kulturtherapeutisch etc. tendieren. Das Publikum wird dieses Kauderwelsch eher hören als sprechen wollen. Anders sein Erfinder, der sich selbst gern sprechen hört! Der deutsche Professor, der sich einen Ruf als Intellektueller erwarb, hat die Sprache des Paukers nicht abgelegt, im Gegenteil: unprofessoral wirkt er nur, weil er professoral auch dort spricht, wo dies nicht üblich ist. Der professorale Schwätzer *(bāzon)* hat jenseits der Universität ein Publikum gefunden, das sich gern belehren läßt, solange es auf den Lehrstoff nie die Prüfung ablegen muß. Wissensstrenge Pauker erträgt solches Publikum keine Minute, sprachkünstelnde Beamte oft jahrelang.

Hintergedanken bilden den Salon, Vorurteile das Vestibül der kommunikativen Vernunft.

Den frei dahinfliegenden Geist beschweren einzig seine Flügel.

Wahrheitsliebe ist wie ein Liebesgeständnis: falsch oder überflüssig.

Wenn man sich für Wittgenstein begeistert, weil er die Philosophen in die Schranken verwiesen hat, dann vergißt man, daß er dadurch selbst zum Philosophen geworden war.

Frankfurter Schule und *French Rot* (Camille Paglia) haben mehrere Generationen verleitet, sie zu imitieren, um genauso »originell« zu sein wie diese Vorbilder. Das zumindest spricht für Freud, dessen Imitation zwar manches Denken, jedoch keinen Stil verdorben hat!

Der Dialekt einer philosophischen Schule stirbt so schnell wie der Dialekt eines sozialen Milieus. Beide kleben zu fest am Konkreten – der eine an den Worten, der andere an den Sachen.

Als eine Erfahrung gilt, was eine Überzeugung bestätigt.

Der Professor G. über den Denker H.: »Als Philosoph ist er maßlos in seinem Anspruch …« Wäre er das nicht, so wäre er nur ein Beamter oder, wie du, ein maßloser Beamter!

Naiver als jeder Dogmatiker wirkt der Skeptiker, der auf seine Zweifel stolz ist.

Vor der Weisheit stellt sich die Frage, ob sie schön sein könne, vor der Heiligkeit kommt diese Frage zum Verstummen. Der Heilige ist anästhetisch.

In der Metaphysik faszinieren die schwachen Argumente, da sie auf die starken Instinkte deuten, die sich mit ihnen begnügen dürfen.

Nichtmenschliches Leben ist, was immerzu geboren wird, menschliches Leben, was immerfort stirbt.

Der Neurowissenschaftler muß zum Metaphysiker werden, wenn er die Humanbiologie fürs Lifestylejournal fit machen will.

Eine Seele findet man allein dort, wo sie mit etwas kämpfen muß, das nicht Seele ist.

Ein Computer kann nicht das Gehirn ersetzen, doch immerhin den Geist.

Der Mensch ist das Salz in der Wunde, die sein Schöpfer ins Leben riß.

Ewigkeit glänzt in dem, was rundum in Vergänglichkeit eingefaßt ist.

Menschenwürde: ein Begriff, so recht geeignet, außerirdischen Vernunftwesen zu imponieren.

Sobald man nicht mehr nur an Ideen oder Normen, sondern an Gefühlen zweifelt, gibt es keinen Einwand mehr, den man an den Haaren herbeiziehen müßte. Der emotionale Zweifel gehorcht dem Automatismus der Verzweiflung.

Wirklichkeit: Name für alles, was nicht zu verbessern ist.

Ein freier Geist klagt nie über eine intolerante Gesellschaft: Eine intolerante Gesellschaft duldet keine freien Geister.

Der Mensch ist das einzige Wesen, das sich nicht ändert; es bleibt zur Entwicklung verurteilt.

Im Schmerz wird das Sein, im Glück wird die Zeit spürbar.

Leben: die Abnutzung des Lebendigen.

Lebensbejahende Theorien würden weniger anmaßend klingen, wenn man in ihnen das Leben sich bejahen hörte statt einen Lebensbejaher …

Stummes Verstehen ist so zweifelhaft wie beredtes Verachten …

Der Glaube an »Kommunikation« ist der Glaube jener, die allzu lange nicht mitreden durften.

Paranoia und Impotenz: Wenn man wissen will, was an den »wirkmächtigen« Geistern seelisch und leiblich dran ist, dann muß man sich an Rousseau und Voltaire erinnern.

Die Auslegung eines Klassikers kann nicht erschöpfend sein, aber doch aufrichtig – was sie dann ist, wenn man sie sogleich bereut.

Vom Christentum hat der Atheismus nicht nur den Gott geerbt, dem er die Existenz bestreitet, sondern auch die Humorlosigkeit der Argumente, die den Glauben an Seine Nichtexistenz stützen.

Platons Gott ist gut, nicht gütig. Die Härte dieses Gottes ist heidnisch und unbarmherzig wie die Sonne des Mittelmeers.

Hätte Pascal nicht als Gelehrter begonnen, sondern als Philosoph, dann wäre er bloß das geworden, was die Philosophen aus ihm machen wollten: ein Theologe.

Was der Moderne am platonischen Eros am wenigsten begreift, ist genau das, was dem modernen Begreifen am meisten fehlt: das Erotische.

Der Verfasser der *Wissenschaftslehre* war wohl der letzte, der vom Ich genauso munter zu plaudern verstand wie von Gott. Seitdem beides nicht mehr verwechselt wird, ist die Philosophie ins Stottern geraten.

Erst mit der Eifersucht – mit der Einsicht, nicht der Einzige zu sein – tritt Eros ins Reich der Erkenntnis.

Nichts lächerlicher als der Zwischenhändler, der sich ein Originalerzeuger dünkt – nichts lächerlicher als ein Freudsches Ich, das sich für ein Fichtesches Ich hält.

Was an einer Idee einseitig ist, kann man erst begreifen, wenn ein zweiter ihr anhängt.

Der Moralische schämt sich für sein Schweigen. Der Intellektuelle, der Fromme, der Ästhet schämen sich für ihr Schwätzen – manchmal.

Wer in der Wahrheit leben will, muß einsam leben, wer einsam leben kann, muß nicht in der Wahrheit leben.

Jede Idee wird von der Zeit gereinigt. Man sieht, was an ihr war, und sieht sich künftig vor.

Der Philosoph ist der Epigone des Denkers, der Publizist sein Imitator.

Arthur Schopenhauer, Otto Weininger, Ludwig Klages: Philosophen, die nicht Meister ihrer Einsichten waren, Schriftsteller, über die Magistra Müller sich echauffiert und promoviert.

Gäbe es ebenso wenige Arten des Denkens wie Arten des Daseins, ließe sich Europas Philosophiegeschichte an einem Sonntagnachmittag erzählen.

Die tröstende Autorität der Stoiker beruht auf der Langeweile, die ihre Schriften verströmen. Sie wagten nicht, ihre Leiden zu durchdenken, ja nicht einmal, sie zu verspüren!

Die Alternative lautet nicht auf schweigsame Einsamkeit oder schwatzhafte Geselligkeit, sondern auf Sprechen in der Einsamkeit und Verstummen in der Gesellschaft.

Die Freiheit der Seele ist es, sich dem zu unterwerfen, der sie ergriffen hat. Die Freiheit des Geistes ist es, sich dem zu unterwerfen, was er begriffen hat.

Je weniger Ideen einer hat, desto mehr Worte wird er über jede einzelne von ihnen machen.

Der Geist zieht Wasser, wenn ein denkender Kopf sich in Problemlösungen badet.

Kein Meisterdenker, der den Schulmeister ganz abgestreift hätte!

Ein starker Denker: weder jemand, der »Einfluß ausgeübt« hat und also mißverstanden worden ist, noch jemand, der »seine Zeit in Worte« gefaßt und also Zeitliches verewigt hat. Sondern jemand, der *ein Teil der Welt* war, ihr also fehlen wird.

Nur der Einfältige wird nach »Selbstbewußtsein« streben oder gar sich solches zuschreiben. »Selbstbewußtsein« wäre etwas anderes als Dingbewußtsein, wäre also die Verzweiflung darüber, nicht zum Ding werden zu können, oder dümmlicher Stolz, ihm gleich geworden zu sein an Härte und Festigkeit. Man muß zugeben, daß die Verzweifelten in dieser Sache nicht nur moralisch, sondern auch metaphysisch die bessere Figur machen.

Der leere Blick ergreift die ganze Welt.

Irrtümer sind auf Erden, Wahrheiten im Himmel unsterblich.

Verzichtet man darauf, das Leben künstlerisch, religiös oder philosophisch zu deuten, so wird es wieder banal und intensiv.

Eine Idee kann mißbraucht werden und muß doch nicht entehrt sein. Eine Idee entehrt es nur, wenn sie für den Gebrauch gemacht wurde!

Religion behauptet, Kunst enthüllt, Philosophie erforscht das Unsichtbare.

Nachdem freudlose Menschen nach und nach alle Leidenschaften für sich zu nutzen wußten, bleibt uns die Freude an den nutzlosen Leidenschaften des Intellekts.

Berlin 2008–2023